Chris Paul

Keine Angst vor fremden Tränen!

Trauernden begegnen

Inhalt

»Ich weiß gar nicht, was ich sagen soll.«

Den Trauernden fehlt bereits der Verstorbene, sie brauchen nicht noch den Verlust von Nachbarn und Bekannten. Tipps und Tricks, die Sprachlosigkeit zu überwinden

Da steht sie am Aufzug, die nette Nachbarin, sieht eigentlich aus wie immer. Aber vor zwei Wochen ist ihr Mann gestorben, was tun? Oder der Kollege, der nach einigen Wochen wieder im Betrieb ist; alle wissen, dass seine Tochter überfahren worden ist, aber keiner weiß, wie es ihm damit geht. Diese Situationen sind schwer auszuhalten, es ist normal, sich damit hilflos und überfordert zu fühlen. Die traditionelle Formel »Herzliches Beileid« kommt heute vielen Menschen inhaltsleer und fremd vor. Ein persönlicher Satz fällt aber den wenigsten ein, schon gar nicht in den wenigen Sekunden einer unerwarteten Begegnung. Wenn die Nachbarin dann allein mit dem Aufzug nach unten gefahren ist oder der Kollege grußlos in seinem Büro verschwunden, kommen vielleicht ein paar Formulierungen in den Kopf. Dazu gesellt sich aber gleich die Scham, so unbeholfen gewesen zu sein. Und schon entsteht der Wunsch, sich diesem Unbehagen nicht noch einmal aussetzen zu müssen. Fortan werden die trauernde Nachbarin und der Kollege lieber gemieden. Es scheint einfacher, weiter zu schweigen, als jetzt auch noch was Dummes zu sagen und sich endgültig zu blamieren.
Das ist schade für alle, deshalb hier ein paar Vorschläge und Ideen, wie es anders gehen kann:

Benennen Sie einfach die Situation

»Ich habe gestern erst gehört, dass Ihr Mann gestorben ist, das tut mir sehr leid.«
Wenn jemand länger nicht am Arbeitsplatz war, reicht für den Einstieg ein ernst gemeintes: »Schön, dass du wieder da bist.«

Wenn Ihnen tatsächlich die Worte fehlen, können Sie das in Worte fassen: »Ich bin ganz sprachlos, das ist für mich noch unfassbar.« »Mir fehlen die Worte für das, was ich Ihnen gern sagen würde.«

Auf den Kontakt kommt es an!

Worte sind eigentlich gar nicht so wichtig. Entscheidender ist die Begegnung, die sich z.B. durch den Augenkontakt herstellt. Trauen Sie sich, Ihrem Gegenüber in die Augen zu sehen. Das Schlimmste für Menschen ist es, wenn alle an ihnen vorbeisehen, als wären sie gar nicht mehr da. Geben Sie Ihrem Gegenüber einen Moment Ihrer Zeit, bleiben Sie kurz stehen. Keine Angst, Sie müssen nicht auf dem Flur oder bei jedem Treffen ein langes Beratungsgespräch führen.

Bleiben Sie echt

Trauernde verlangen von niemandem, sich zu verstellen. Im Gegenteil. Aufgesetzte Förmlichkeit oder gespielte Betroffenheit werden sofort als das erkannt, was sie sind. Die Begegnung mit einem trauernden Menschen braucht keine künstliche Traurigkeit. Wenn Sie gerade sehr glücklich oder eilig oder einfach in Ihrem normalen Alltag verankert sind, dann können Sie das zeigen. Menschen in einer Verlustkrise möchten nicht, dass alle anderen so fühlen wie sie selbst, sie möchten »nur« mit ihren Gefühlen weiter gesehen und ernst genommen werden.

Seien Sie auf Normalität gefasst

Tiefe Gefühle sind nicht der Gesprächsstoff, über den wir uns alltäglich mit Bekannten, Kollegen, Nachbarn austauschen. Wie jeder andere möchten auch trauernde Menschen nicht in jeder Begegnung über ihre Gefühle sprechen. Es kommt immer wieder vor, dass Sie selbst zwar bereit sind, ein tiefer gehendes Gespräch zu führen, der trauernde Mensch aber gerade in einer anderen Stimmung ist. Vielleicht möchte er einfach seine Ruhe haben oder sich auf den Alltag konzentrieren. Das ist keine Zurückweisung, Sie müssen nicht beleidigt sein.

Teilen Sie eine Erinnerung an den Verstorbenen!

Den meisten Trauernden tut es gut zu wissen, dass auch andere sich erinnern. Besonders gut tut es, wenn sie spüren, dass der/die Verstorbene anderen in guter Erinnerung ist.
»Es tut mir so leid, dass deine Mutter gestorben ist. Ich erinnere mich an das Adventskaffeetrinken letztes Jahr, sie war mir sehr sympathisch – und ihre Mandelkekse waren unglaublich lecker.«

Gute Freunde ruhig mal in den Arm nehmen

Menschen, die Sie gut kennen und auch sonst berühren, können Sie Ihre Anteilnahme auch durch einen festen Händedruck oder das Angebot einer Umarmung ausdrücken. Körperliche Nähe kann Geborgenheit und Trost vermitteln. Bleiben Sie dabei so ehrlich wie in Ihren Worten. Und achten Sie darauf, ob Ihr Angebot willkommen ist.

Erfahrungsbericht

Einige Wochen nach dem Tod meiner Tochter war ich an einem Samstagvormittag auf dem Markt. Ich fühlte mich noch immer wie ein »Alien« unter all den Menschen und hatte große Mühe, mich auf dem Marktplatz zu bewegen. Zufällig begegnete ich einem Arbeitskollegen, der mich fragte, wie es mir gehe. Ich stand vor ihm und war nicht in der Lage, viel zu sagen, und die Tränen liefen mir übers Gesicht. Er sagte nur: »Ich weiß nicht, was ich dir sagen soll, wenn ich an meine Töchter denke und mir vorstelle, mir würde ›Das‹ passieren ... es ist so furchtbar« und nahm mich in den Arm. Dies war nur eine kurze Begegnung und mir war nicht wirklich wohl, in dieser Verletzlichkeit und Zerbrechlichkeit von einem Kollegen gesehen zu werden, aber sie war sehr ehrlich und irgendwie zeitlos. Ich fühlte mich akzeptiert und so angenommen, wie ich war.

Bei all dem Nachdenken über die »richtigen Worte« liegt eigentlich ein Missverständnis vor. Trauernde Menschen wollen gar nicht viel von anderen hören. Ein kurzer, ernst gemeinter Gruß ist ausreichend. Wer trauernden Menschen ein wenig Zeit zur Verfügung stellen möchte, sollte weniger reden als vielmehr zuhören! Das ist aber keine Verpflichtung. Jeder entscheidet selbst, ob die Situation gerade passt, um ein Gespräch anzubieten. Die Käsetheke im Supermarkt ist dazu nicht geeignet. Auch die Minuten vor einer Besprechung nicht. Es braucht einen Ort, an dem Sie nicht ständig gestört werden und an dem nicht jeder mithören kann, vielleicht ein ruhiger Platz in einem Café oder das eigene Büro, wenn gerade nicht so viel zu tun ist.

✗ Bitte vermeiden Sie:

»Ruf mich an, wenn du was brauchst.«
»Wir sind immer für dich da, du musst dich nur melden!«

Allgemein gehaltene Angebote sind wenig hilfreich. Auch Angebote, die die gesamte Initiative beim anderen lassen, nutzen wenig. Wenn Sie in Kontakt bleiben wollen, sagen Sie eher: »Ich melde mich so alle zwei Wochen bei dir, ist das o.k.?« Bleiben Sie dann bitte bei Ihrer Ankündigung, auch wenn jemand nicht bei jedem Telefonat oder Treffen sehr gesprächig ist. Wenn Sie sich an eigene Krisen erinnern, werden Sie merken, dass Sie nicht immer offen waren, aber froh um jeden Menschen, der sich davon nicht abschrecken ließ.

Wenn Sie konkrete Unterstützung anbieten möchten, benennen Sie die konkret: »Was hältst du davon, wenn ich deine Große mittwochs immer mit zum Flötenkurs nehme, ich muss ja sowieso fahren und kann sie auch wieder mit nach Hause bringen.« »Sie wissen ja, dass ich mich in Ämterdingen gut auskenne; wenn Sie einverstanden sind, komme ich nächste Woche mal vorbei und sehe mit Ihnen die Unterlagen durch. Wann hätten Sie denn Zeit?«

»Das wird schon wieder!«
»Kopf hoch, das schaffst du schon.«

Durchhalteparolen und Appelle signalisieren die Hilflosigkeit des Sprechers. Sie wirken abweisend und führen zu einem schnellen Ende des Gesprächs. Wenn Sie Vertrauen in das Leben und in Ihr Gegenüber haben, dann nutzen Sie das, um dem trauernden Menschen ohne Angst zu begegnen. Atmen Sie tief durch und vertrauen Sie darauf, dass Ihnen Worte und Gesten einfallen werden, seien Sie einfach da. Das ist für ihn tröstender als ein scheinbar aufmunternder Spruch.

»Du bist ja so stark.«
»Ich bewundere dich, wie du das alles schaffst.«

Beim ersten Mal ist es vielleicht schmeichelhaft zu hören, dass andere die eigenen Bewältigungsstrategien bewundern. Aber die Stärke, die andere sehen, ist aus der Not geboren. Trauernde wünschen sich, nicht so stark sein zu müssen. Wenn sie wählen könnten, wäre der Mensch, den sie vermissen, noch am Leben. Dass sie über sich selbst hinauswachsen, um diesen Verlust zu verkraften, gibt ihnen keinerlei Befriedigung. Sie möchten kein Lob dafür, dass sie sich zusammenreißen können. Sie wünschen sich eher Mitgefühl dafür, dass sie es tun müssen. »Ich finde, du leistest gerade unglaublich viel.« »Du kämpfst dich durch Berge von Aufgaben, ich habe so eine große Hochachtung vor dir.«

»Meinst du nicht, dass es jetzt langsam mal gut ist?«
»Lass dich nicht so hängen!«

Ich kenne niemanden, dem es wirklich gern schlecht geht. Trauernde, die sehr unglücklich sind, machen da keine Ausnahme. Mit unfreundlichen Äußerungen trägt man nichts dazu bei, dass sich jemand besser fühlt. Wenn Sie ungeduldig werden oder sich Sorgen machen, drücken Sie das auch so aus. »Ich kann das nicht gut aushalten, wie schlecht es dir geht.« Manchmal braucht jemand einen Schubs, um sich wieder alltäglichen Dingen zuzuwenden. So ein kleiner Schubs kann heißen: »Ich komme um drei und hole dich ab zum Einkaufen. Versuch, bis dahin aufgestanden und geduscht zu sein, ich nehme dich aber auch so mit!« »Kommen Sie doch heute Abend um sieben rüber zum Essen, ich möchte sehr gern, dass Sie mal wieder etwas Warmes in den Bauch bekommen.«

»Ich weiß genau, wie du dich fühlst.«
»Du darfst jetzt auf keinen Fall ...«
»Du solltest unbedingt ...«

Niemand weiß genau, wie ein anderer sich fühlt. Niemand kennt ein Rezept, das allen Trauernden gleich gut hilft. Wenn Sie selbst Trauer oder andere Krisen durchlebt haben, sind Sie ein wertvoller Gesprächspartner für trauernde Menschen. Aber nicht, weil Sie »wissen, wie es geht«. Was Sie zu bieten haben, ist Ihr Mitgefühl und Ihr tiefes Verständnis für Leid, das jenseits von Worten existiert. Sie können zuhören und mitfühlen. Und Sie können durch Ihr Dasein eine Art von Zuversicht vermitteln, dass es auch für den trauernden Menschen, mit dem Sie gerade sprechen, unbeschwertere Tage geben wird. Das erreichen Sie nur, wenn Sie auf Verallgemeinerungen verzichten und sich für den anderen interessieren.

»Eines Tages wirst du verstehen, wozu das gut war.«
»In jedem Leid steckt eine tiefe Bedeutung, das wirst du noch begreifen.«

Wenn Sie daran glauben, dass in Leid ein verborgener Sinn steckt, dann ist es viel hilfreicher, wenn Sie das ausstrahlen, als dass Sie es aussprechen. Ausgesprochen wirkt diese Überzeugung eher, als würden Sie das Ausmaß des aktuellen Schmerzes nicht ernst nehmen. Indirekt kann Ihre Überzeugung dem Menschen aber gut tun, weil sie Ihnen hilft, dem Trauernden ohne Angst und Sorge zu begegnen. Es kann sein, dass auch Ihr Gegenüber irgendwann rückblickend so etwas wie einen Sinn in Verlusten und Krisen sieht. Das ist jedoch ganz allein seine Angelegenheit.

Erfahrungsbericht

Eine alte Freundin von mir lebt im Ausland. Kurz nach dem Tod meiner Mutter rief sie an und sagte: »Ich habe ein Glas Sekt getrunken, ich musste mir irgendwie Mut antrinken, denn ich weiß nicht, was ich dir sagen soll. Es tut mir so leid, dass deine Mutter gestorben ist!« Das hat mich ganz besonders berührt und getröstet. Es war so ehrlich und warm – und auf Augenhöhe.

Viele Menschen erleben mit Mitte vierzig ihre erste Beerdigung. Es leben alle ihre Verwandten und Freunde noch. Oder sie sind beim Tod des Lieblingsonkels nicht mitgenommen worden, weil sie nach Ansicht der Erwachsenen dafür noch zu klein waren. Diese Menschen haben noch keine Erfahrungen im Umgang mit Beileidskarten oder Beerdigungskaffees gemacht. Ich erinnere mich, wie ich selbst vor der ersten Urnenbeisetzung einer Freundin im Blumenladen stand und mich beraten ließ, denn ich wusste nicht, ob ich ein Gesteck mitbringen könnte. Da erlebte ich, dass Floristen Experten in Sachen Beerdigung sind und auch gern Auskunft geben.

Auf eine Todesnachricht reagieren

Es gibt verschiedene Wege, auf denen Sie vom Tod eines anderen erfahren. Es gibt den Anruf, die SMS, den Brief oder die E-Mail. Es gibt das Gespräch, das »Hast du schon gehört ...«. Es gibt die offiziellen Wege der Zeitungsanzeige und der Trauerkarte per Post. Und manchmal sind Sie direkt bei Ihrem Freund oder Angehörigen, wenn dieser vom Tod eines nahen Menschen erfährt, vielleicht sind Sie sogar in den Sterbestunden dabei, als Unterstützer. Jede dieser Situationen berührt uns anders und erfordert unterschiedliche Formen der Reaktion.

Am häufigsten werden wir mit *formellen Nachrichten* über den Tod eines Bekannten oder entfernteren Freundes und Verwandten informiert. Das sind Benachrichtigungen, die direkt von den engsten Betroffenen über den Tod eines Menschen verschickt und ausgesprochen werden. Sie sind eng mit gesellschaftlichen Regeln verknüpft, das heißt es gibt Bedeutungen und Erwartungen, die über das lesbare Wort hinausgehen. Sie kennen das von

Geburten und Hochzeiten, Jubiläen oder runden Geburtstagen. Da gibt es etwas, was »man« tut, was üblich ist und als schicklich gilt. Aber genau wie bei den anderen großen Lebensereignissen ist auch im Todesfall der menschliche Kontakt wichtiger als die gesellschaftliche Regel. Wenn Sie gern zu einer Beerdigung gehen möchten, aber nicht den gesellschaftlich erwarteten schwarzen Mantel besitzen – gehen Sie trotzdem. Ihre Anwesenheit ist für die Hinterbliebenen wichtiger als Ihr Outfit. Und wenn es für Sie selbst wichtig ist, jemandem »die letzte Ehre zu erweisen«, indem Sie an seiner Beisetzung teilnehmen, dann geht das auch in Blau, Braun oder sogar in Rot.

Trauerkarte und Todesanzeige

Die *Trauerkarte, die Sie per Post* erhalten, enthält die Lebensdaten des Verstorbenen, meist einen Sinnspruch und oft auch ein Foto des Verstorbenen. In der Regel werden Zeitpunkt und Ort der Abschiedsfeier oder der Beerdigung mitgeteilt. Diese Trauerkarte wird unter großem Zeitdruck und oft mit viel Liebe gestaltet. Sie wird extra gedruckt und ohne weitere persönliche Anreden oder Zusätze verschickt. Alle, die aus Sicht der Angehörigen vom Tod eines Menschen wissen sollten, weil sie ihn gekannt und geschätzt haben, bekommen eine solche Trauerkarte. Wenn Sie eine Trauerkarte erhalten, ist das eine Anerkennung Ihrer Verbundenheit mit dem Verstorbenen oder auch mit den engsten Hinterbliebenen. *Die Todesanzeige an sich ist die Einladung, an der Abschiedsfeier, Messe oder Bestattung teilzunehmen.*
Dieselben Informationen werden oft auch in Form der *Todesanzeige in einer Tageszeitung* veröffentlicht.
Neben den Grundinformationen enthalten die Trauerkarte und die Todesanzeige auch direkte *Handlungsvorschläge*.

- Manche Todesanzeigen enthalten den Zusatz *»Von Beileidsbekundungen am Grab bitten wir abzusehen«*. Diese Angehörigen verzichten auf den Brauch, dass am Ende der Feier alle Gäste an ihnen vorbeigehen und ihnen mit einem Handschlag persönlich das Beileid ausdrücken.

- Manche Todesanzeigen und Trauerkarten bitten um den Verzicht auf Kränze und Blumen und stattdessen um eine *Spende* auf ein angegebenes Konto. Der Betrag, den man für größere Kränze oder Gestecke ausgegeben hätte, soll als Spende überwiesen werden – als Kennwort wird der Name des Verstorbenen eingetragen. (Es ist möglich, zu einer Beerdigung trotzdem ein einzelne Blume oder einen kleinen Strauß mitzubringen und ins offene Grab zu werfen.)
- Manche Todesanzeigen und Trauerkarten bitten darum, sich bei der Abschiedsfeier abweichend von der Konvention zu kleiden. Vor allem bei Begräbnissen von Kindern oder Jugendlichen wird zum Teil gewünscht, dass die Besucher sich alltäglich oder besonders farbenfroh kleiden. Manchmal wird weiße Kleidung gewünscht anstelle der üblichen schwarzen. Oft handelt es sich dabei um Wünsche, die der Verstorbene selbst geäußert hat. Versuchen Sie, diese Wünsche zu erfüllen. Wenn ein Wunsch Ihren eigenen Bedürfnissen sehr stark widerspricht, suchen Sie einen Kompromiss. Tragen Sie lieber eine Jeans zum dunklen Hemd in einer bunt gekleideten Trauergemeinde oder graue Kleidung inmitten von viel Weiß, als gar nicht hinzugehen.
- Manche Todesanzeigen und Trauerkarten enthalten keine Informationen über Ort und Zeit der Abschiedsfeier oder Beisetzung. Stattdessen steht darin eine Formulierung wie: »Die Beisetzung fand in aller Stille statt« oder: »Die Beisetzung findet im engsten Familienkreis statt«. Das bedeutet, dass es keine öffentliche Feier gibt und die Familie nicht möchte, dass Sie oder andere Freunde und Bekannte an diesem Teil des Abschieds teilnehmen. Dann dient die Anzeige oder Karte zu Ihrer Information. Bitte akzeptieren Sie die Wünsche der Hinterbliebenen nach einem Abschied in kleinem Kreis. Seien Sie nicht verletzt, sondern sehen Sie die Karte oder Anzeige

als Gesprächseröffnung und *schicken Sie bitte unbedingt eine Beileidskarte!*

- Viele Anzeigen enthalten Formulierungen wie *»Im Anschluss laden wir zu einem Imbiss* in den Gasthof Meierling, Spessartstr. 5«. Das ist eine Einladung zu einem gemeinsamen Kaffeetrinken nach der Abschiedsfeier, Messe oder Bestattung. Die Kosten dafür übernimmt die Familie. Den persönlichen Trauerkarten liegt heute meist eine sogenannte »Kaffeekarte« bei, die zum Imbiss einlädt. Wer eine solche direkte Einladung erhält, kann ganz sicher sein, dass seine Anwesenheit bei diesem Zusammentreffen erwünscht ist. Manchmal wird auch im Anschluss an die Feier eine direkte Einladung an die Trauergemeinde ausgesprochen. Sie sollten diese Einladungen annehmen und sich weder überflüssig noch als Eindringling fühlen.

Beileidskarte

Es ist üblich und für den weiteren Kontakt sehr sinnvoll, die Todesanzeige mit einer *Beileidskarte* zu beantworten. Üblicherweise ist das eine Karte mit einem Aufdruck, z.B. »In stiller Trauer« oder »Mit aufrichtiger Anteilnahme«, die in einem Umschlag mit schwarzem Balken versendet wird. Es gibt in jedem Postkartenladen Beileidskarten unterschiedlicher Machart, von traditionell über esoterisch bis künstlerisch gestaltet. Wählen Sie eine Karte, die dem Verstorbenen, aber auch den Hinterbliebenen entspricht. Zum Tod einer jungen Rockmusikerin wird eine andere Karte angemessen sein als zum Tod eines hochbetagten ehemaligen Finanzbeamten. Wenn Ihnen die vorgedruckten Beileidskarten überhaupt nicht gefallen, können Sie auch eine andere Karte mit einem passenden Bildmotiv oder Spruch wählen. *Hauptsache, Sie melden sich und antworten auf die Trauerkarte bzw. Todesanzeige*. Wichtiger als die Außenseite der Karte ist ohnehin das, was Sie hineinschreiben. Es gibt drei »Botschaften«, die Sie in einer Beileidskarte aussprechen sollten:

Eigene Gefühle

Sprechen Sie von Ihren eigenen Gefühlen. Sie können z.B. schreiben, dass Sie traurig, betroffen oder fassungslos sind – je nachdem, was davon zutrifft. Sie können auch von Ihrer Reaktion auf den Tod erzählen, z.B. dass bei Ihnen seit dem Tod von X eine Kerze brennt oder dass Sie für ihn beten.

Geteilte Erinnerungen

Der größte Teil Ihres Briefes sollte davon berichten, was der Verstorbene Ihnen bedeutet hat. Würdigen Sie ihn, und bleiben Sie dabei ehrlich. Schreiben Sie z.B. »Er war ein Kollege, auf den ich mich verlassen konnte« oder: »In unserem Sportverein gab es keine, mit der ich so herzlich lachen konnte« – aber nur, wenn es wirklich so war. Wenn möglich, beschreiben Sie eine Szene, die typisch für den Verstorbenen war, oder etwas, woran Sie sich besonders erinnern. So eine geteilte Erinnerung bedeutet den Hinterbliebenen viel. Oft lernen sie eine Facette des Verstorbenen kennen, die ihnen nicht so vertraut war. Über den Tod hinaus lernen die Angehörigen ihn noch einmal etwas besser kennen. Darüber hinaus erleben die Hinterbliebenen, dass der Verstorbene anderen Menschen etwas bedeutet hat. Er hinterlässt Spuren, die über den engsten Familienkreis hinausgehen. Das heißt – das Leben dieses Menschen war nicht umsonst, es hatte Sinn. Es trauert sich leichter, wenn dieses Wissen um Spuren und Erinnerungen in anderen Menschen stark ist. Der Verstorbene ist dann nicht völlig aus der Welt verschwunden, er lebt weiter in seinen Spuren und den Erinnerungen, die andere an ihn haben.

Mitgefühl und gute Wünsche

Der kürzeste Teil der Beileidskarte drückt Ihr Mitgefühl für den Verlust und den Kummer der zurückbleibenden Angehörigen aus. Verzichten Sie dabei auf bombastische Formulierungen wie »Niemand kann den Schmerz ermessen«. Das klingt unpersönlich und künstlich. Überlegen Sie, was Sie eigentlich sagen wollen. Wollen Sie mitteilen, dass Sie den anderen wahrnehmen? Dann schreiben Sie eher: »Ein wunderbarer Mensch wie Ihre Tochter hinterlässt eine große Lücke. Für mich als gute Freundin von Pia ist es schon sehr schwer auszuhalten, dass sie nicht mehr da ist. Wie viel schwerer muss es für Sie sein.« Oder möchten Sie ein Stück Hoffnung vermitteln? Dann eignen sich ein kurzes Gedicht, eine Liedzeile oder ein guter Wunsch. Zum Beispiel: »Für die kommenden Tage und Wochen wünsche ich euch, dass die guten Erinnerungen den Schmerz überwiegen.« Verzichten Sie unbedingt auf aufmunternde Parolen wie »Bald wird es euch wieder besser gehen«.

✗ Bitte vermeiden Sie:

- Vermeiden Sie *Kommentare, die den Verlust dieses Menschen relativieren*. Zum Beispiel nach dem Tod eines sehr alten Menschen: »Gut, dass sie es endlich geschafft hat.« Das Wissen um ein beendetes Leiden macht die Trauer manchmal leichter, aber es ist ja das Leiden des Verstorbenen, das endet. Das Leiden der Hinterbliebenen verstärkt sich durch den Tod. Auch wenn zuvor Pflege und Einschränkungen durch eine schwere Krankheit die Angehörigen belastet haben – der Kranke und Sterbende war noch da. Erst der Verstorbene ist endgültig fort und wird vermisst und betrauert. Der Hinweis auf die »Erlösung« des Verstorbenen von seinen Leiden spricht zu diesem Zeitpunkt dem Trauernden das Recht auf seine eigenen starken Gefühle ab. Das wirkt respektlos statt tröstend.
- Vermeiden Sie *Hinweise auf die Ersetzbarkeit des Verstorbenen*. Zum Beispiel nach dem Tod eines Kleinkinds: »Eure beiden Großen werden euch über diesen Verlust hinwegtrösten, und wer weiß, ob nicht bald ein neues Kind eure Familie komplett macht.« Oder nach dem Tod des Partners: »Irgendwann wirst du ein neues Glück finden.« Selbst wenn – der Verlust dieses einen Menschen bleibt bestehen und die Lücke, die dieser besondere Mensch hinterlässt, ist da, auch wenn neue

Lieben gefunden werden. Verstorbene sind nicht ersetzbar. Stellen Sie sich einen Moment lang vor, es wäre Ihr Kind oder Ihr Mann, die gestorben wären? Würden Sie solche Sätze hören wollen?

- Vermeiden Sie *Floskeln und Zitate, die das Ende des Trauerprozesses betonen*, wie: »Aus jedem Unglück entsteht am Ende ein Sinn« oder: »Ihr werdet bald das Licht am Ende des Tunnels sehen«. Es kann gut sein, dass das so eintreffen wird. Aber wenige Tage oder Wochen, nachdem jemand gestorben ist, fühlen sich diese Sätze nicht tröstlich an. Im Gegenteil wirken sie wie eine Verhöhnung der im Moment empfundenen Verzweiflung. Einzige Ausnahme – wenn Sie selbst trauern, können Sie von sich und Ihren Erfahrungen erzählen: »Mir hat geholfen …«, »Heute, 10 Jahre danach, vermisse ich ihn immer noch, aber ich kann wieder schlafen, tanzen, lachen. Ich möchte euch Hoffnung machen, dass es irgendwann leichter wird.«
- Vermeiden Sie *allgemeine Hilfsangebote*: »Du kannst mich jederzeit anrufen«. »Wir sind immer für Sie da, Sie müssen sich nur melden.« »Sagen Sie Bescheid, wenn Sie etwas brauchen.« Auf diese Angebote werden Menschen in einer Trauerkrise meist nicht zurückkommen. Jeder kennt das Phänomen, dass es einen Punkt im eigenen »Schlechtgehen« gibt, ab dem man nicht mehr um Hilfe bitten kann. Es fühlt sich demütigend an, auf die eigene Bedürftigkeit aufmerksam machen zu müssen. Auch ein allgemeines: »Was kann ich für dich tun?« kann eine Überforderung darstellen. Wenn Sie ernsthaft Ihre Unterstützung anbieten möchten, dann tun Sie das so konkret wie möglich: »Ich würde Sie gern besuchen und werde mich in der kommenden Woche bei Ihnen melden, wann es Ihnen recht ist.« Wenn Sie konkrete Angebote ausgesprochen haben, erfüllen Sie die bitte auch.

Sie können Ihre Beileidskarte per Post an die angegebene Adresse senden oder zur Bestattung bzw. Abschiedsfeier mitnehmen.

Meist steht dort ein Korb bereit, in dem die Beileidskarten gesammelt werden, Sie können Ihre Karte auch dem Bestatter geben. Bei einer Feier mit vielen Teilnehmern geben Sie ihre Karte dem Bestatter oder legen sie auf einem dafür vorgesehene Tischchen ab.

Es ist möglich, aber nicht verpflichtend, Geldbeträge in die Karte zu legen, die für die Kosten der Bestattung und der späteren Grabpflege benutzt werden sollen.

Tipp: Denken Sie auch an die Geschwister eines verstorbenen Menschen. In der Regel werden die Eltern und Partner eines Verstorbenen in der Beileidskarte angesprochen. Manchmal auch die Kinder. Aber es gibt auch die Geschwister. Eine Frau, deren erwachsene Schwester starb, als sie 42 war, erzählte mir, dass Ihre Eltern über hundert Beileidskarten bekommen hätten, sie selbst keine einzige. Erst als sie das aussprach, wurde ihr der Mangel an Respekt und Unterstützung für ihre eigene Trauer deutlich, und sie brach in Tränen aus.

SMS und virtuelle Kerzen

Neben diese traditionellen, förmlichen Übergangsriten und Mitteilungsformen sind zahlreiche informelle getreten. Während ich dieses Buch schreibe, habe ich es selbst erlebt. Mein sehr geschätzter Kollege Fritz Roth, ein bekannter Bestatter und Buchautor, den ich seit vielen Jahren kenne, ist im Dezember 2012 gestorben. Ich erfuhr davon zwischen zwei Arbeitsterminen zunächst durch die SMS von einem Freund, der für ihn gearbeitet hat. Ich rief ihn sofort zurück, weil ich wusste, dass ihn dieser Tod sehr traurig machte, auch wenn er kein enger Freund oder Vertrauter von Fritz Roth gewesen war. Mein Freund weinte, als er

mir davon erzählte und ich verabredete mich zu einem Telefonat von zuhause aus. Auf der Heimfahrt bekam ich eine weitere SMS von einer anderen Freundin, die ganz sachlich einfach nur vom Tod Fritz Roths schrieb. Ihr antwortete ich ebenfalls sachlich. Abends rief mich meine Mutter an, sie hatte es im Radio gehört und fragte »Wusstest du das schon?«. Dieses Gespräch hatte eher die Qualität von »Klatsch«. Von Nachricht zu Nachricht änderten sich meine eigenen Gefühle und Reaktionen. Am stärksten beeindruckt war ich vom Anruf meines Freundes. Er war der »Unglücksbote«, und auch wenn Fritz Roth seit einem halben Jahr schwer krank war, traf mich die Nachricht an diesem Tag doch überraschend. Ich war selbst benommen und traurig. Die starken Gefühle, die mein Freund am Telefon ausdrückte, erreichten mich, und gleichzeitig wollte ich ihn stützen und trösten.
Später gab es eher sachliche Absprachen mit KollegInnen, in denen es um einen Nachruf auf der Homepage unseres Verbandes und um die Teilnahme an den Verabschiedungsfeierlichkeiten ging. Es kamen Rundmails mit Erinnerungen und Gedanken zu diesem Tod, die mich nachdenklich, dankbar und wehmütig machten, das mailte ich dann als kurze Antwort. Ich las Zeitungsartikel über Fritz Roth, die Traueranzeigen in der Zeitung und schließlich die gedruckte Trauerkarte mit Einladung zur Abschiedsfeier.
Ich habe in einer konkreten Situation erlebt, wie selbstverständlich die modernen Medien inzwischen auch in der Kommunikation über Tod und Trauer genutzt werden. Dabei habe ich nicht an Aktionen teilgenommen, wie sie inzwischen vielfach existieren, bei denen im Internet Beileid und Erinnerungstexte in Kondolenzbücher eingetragen werden oder auf speziellen Gedenkseiten virtuelle Kerzen entzündet werden können. Das Gedenken von Jugendlichen findet intensiv im Internet statt – es ist ein Teil ihrer Welt, und ich halte es für unangemessen, darin einen »Verfall der Sitten« zu sehen, wie es oft getan wird. Vor der Erfindung der Druckerpresse gab es keine gedruckten Karten, in Zeiten ohne Telefon konnten auch keine Anrufe gemacht werden, um jeman-

den zu benachrichtigen oder um Hilfe anzubieten. Jeder Verständigungsweg wird für all das genutzt, was uns in unserem Leben bewegt. Dazu gehören auch der Tod und die Trauer.

Erfahrungsbericht

Gerade in den ersten Wochen waren die vielen Karten und Briefe, die uns erreichten, so tröstlich. Besonders berührt hat es mich, wenn Menschen ihre eigene Erschütterung, Betroffenheit, Hilflosigkeit und Trauer ausgedrückt haben und ganz besonders, wenn sie über E. geschrieben haben. Es war wichtig für mich, die Anteilnahme anderer zu spüren, und ich finde es immer noch verblüffend, welche Wirkung solch »kleine Gesten« haben können. Ich kann gar nicht genug betonen, wie wichtig das für mich war.

Was soll das eigentlich?

Abschiednahme und Bestattungen besser verstehen. Was sie bedeuten können, und was dafür spricht, daran teilzunehmen

Früher war es ganz selbstverständlich, dass Verstorbene in ihrer Wohnung aufgebahrt wurden. Familienangehörige, Freunde und Nachbarn konnten den Verstorbenen besuchen, zusammensitzen, Erinnerungen austauschen, bei ihm beten, sich gegenseitig trösten. Einige Jahrzehnte lang ist dieser selbstverständliche Umgang mit Verstorben in Vergessenheit geraten, jetzt schaffen engagierte Bestattungsunternehmen langsam wieder die Möglichkeit dafür. Aufbahrungen zuhause sind noch die Ausnahme, aber eine Abschiednahme im Bestattungshaus wird zunehmend in Anspruch genommen.

Wozu ist das gut?

Wer es noch nicht selbst erlebt hat, findet die Vorstellung, sich den toten Körper eines Vertrauten anzusehen und sogar Zeit an seiner Seite zu verbringen, vielleicht gruselig. Aber das ist es nur zum kleinsten Teil. Die Abschiednahme ist für viele eine notwendige Vergewisserung, dass jemand, und zwar genau dieser eine Mensch, gestorben ist. Tatsächlich wollen wir ja alles, was wirklich wichtig ist, mit allen unseren Sinnen be-greifen. Wir gehen ein neugeborenes Kind besuchen, nehmen es in den Arm, sprechen mit ihm, schnuppern seinen Babygeruch, lauschen seinem Glucksen. Erst dann wissen wir wirklich, dass dieses Menschenkind auf der Welt ist, wir spüren das Wunder des neuen Lebens und ahnen etwas von der unverwechselbaren Persönlichkeit dieses kleinen Wesens. Und genauso wollen wir auch am Ende des Lebens sehen, spüren, horchen, um zu be-greifen, dass dieser einzigartige Mensch nicht mehr lebt. Zu spüren, dass die Haut des Verstorbenen viel kälter ist als die eines Lebenden, ermöglicht uns, mit allen Sinnen zu be-greifen, dass jemand gestorben ist. Die entspannten Gesichtszüge der meisten Verstorbenen erleichtern die Hinterbliebenen; sie sehen darin einen Hinweis auf den inneren Frieden, den der Verstorbene gefunden haben kann.

Manche möchten ihre Verstorbenen berühren, küssen, mit zärtlichen Gesten, die unsere Abschiede von vertrauten und geliebten Menschen immer begleiten. Denn neben den Aspekt des Wahrnehmens und der Vergewisserung tritt die Möglichkeit, sich innerlich zu verabschieden. Viele Menschen sprechen noch einmal mit den Verstorbenen – sie tun das laut oder im stillen Zwiegespräch. Sie drücken ihren Dank aus für die gemeinsamen Erlebnisse, sprechen von ihrer Liebe oder auch von Missverständnissen und altem Groll. Sie wünschen dem, der vor kurzer Zeit noch lebendig war, einen guten Übergang in diesen Zustand des Totseins, von dem wir alle sehr wenig wissen. Manchmal wird ein kleines Geschenk oder ein Brief in den Sarg gelegt. All das hilft beim Abschiednehmen. Es ist ja in allen Abschiedssituationen des Lebens so, dass wir uns, bevor wir auseinandergehen, noch einmal ganz nahe kommen. In förmlichen Beziehungen geben wir uns die Hand, in engeren Beziehungen umarmen wir uns. Ein intensives, kurzes Aufeinanderzugehen, bevor die Wege sich trennen. Das scheint der menschliche Umgang mit dem Auseinandergehen zu sein. Kein Wunder also, wenn das bei dieser großen Trennung von jemandem, der gestorben ist, genauso ist. Noch einmal hingehen, noch einmal da sein. Je näher die innere Bindung war, desto länger und intensiver ist dieses letzte Zusammensein manchmal. Eine Mutter, deren 18-jährige Tochter an einem Krampfanfall gestorben war, erzählte mir, dass sie fünf Tage hintereinander viele Stunden im Abschiedsraum des Bestatters mit ihrer toten Tochter verbrachte und dass sie ohne diese Zeit wahrscheinlich verrückt geworden wäre.

Erfahrungsbericht

Noch heute verwechsle ich manchmal jemanden auf der Straße mit meinem Vater und meinem Schwager, die kurz hintereinander gestorben sind. Dann WEISS ich, dass das ein Irrtum ist, denn ich habe die verstorbenen Körper, die Toten, gesehen.

Was heißt das für Sie?

Zunächst einmal können Sie überlegen, ob Sie selbst das Bedürfnis haben, sich auf diese direkte Art von dem, der gestorben ist, zu verabschieden. Daneben kann es sein, dass Ihr trauernder Angehöriger oder Freund sich an Sie wendet. Entweder möchte er Ihre Meinung einholen, ob die direkte Konfrontation mit dem Verstorbenen für ihn sinnvoll sein kann. Oder er bittet Sie um Ihre Unterstützung und möchte, dass Sie mitkommen.

Aus meiner Sicht gibt es viele *gute Gründe für eine Abschiednahme*:

- Der Tod an sich kann *mit allen Sinnen* be-griffen werden. Das gilt auch, wenn ein Mensch sich im Sterben sehr verändert hat oder starke Verletzungen vorliegen. Bestatter können den verletzten Körper entsprechend hinlegen oder stark verletzte Bereiche abdecken.
- Der Trauernde kann sich *sicher sein*, dass der geliebte Mensch wirklich tot ist. Wer diese Gewissheit nicht hat, muss sich oft mit Zweifeln und Phantasien über Verwechslungen oder Komplotte herumschlagen, die den Trauerprozess behindern. Denn man fängt nicht an zu trauern, wenn man nicht wirklich sicher ist, dass jemand gestorben ist.
- Der Wunsch nach einem *persönlichen Abschied* kann erfüllt werden. Die liebevolle Zärtlichkeit zu einem nahen Mensch hört ja nicht schlagartig auf, wenn er gestorben ist. Der Abschied vom Körper des Verstorbenen ermöglicht noch einmal Gesten der Liebe und Verbundenheit. Worte, die noch gesagt werden wollen, finden ihren Adressaten. Es gibt einen ersten kleinen Abschluss.

All das braucht aber *einen guten Rahmen*. Das Vergewissern und Abschiednehmen brauchen:

- *Freiwilligkeit*. Nur wer eingewilligt hat, einen Verstorbenen zu sehen, kann davon profitieren. Wer sich völlig überfordert fühlt und auch durch Begleitung nicht genug Sicherheit bekommt, sollte auf keinen Fall gezwungen werden, auf diese Art Abschied zu nehmen.
- Eine *würdevolle Umgebung*. Zum Beispiel im Abschiedsraum eines Krankenhauses oder Bestattungshauses. Auch die Totenwache und Abschiednahme zuhause sind möglich.
- Ausreichend *Zeit*. Manchmal möchte man nach 5 Minuten wieder gehen, manchmal mehrere Stunden bleiben. Manchmal möchte man noch mal wiederkommen. All das sollte ermöglicht werden.
- *Unterstützung*. Es tut gut, den Weg zum Abschied nicht allein gehen zu müssen. Vielleicht möchte man dann eine Weile allein beim Verstorbenen sein, aber es tut auch gut, danach nicht allein nach Hause gehen zu müssen. Im Bestattungshaus oder Hospiz sollte immer jemand vom Haus da sein, der je nach Wunsch dabeibleibt oder sich im Hintergrund bereithält.

Argumente, die gegen eine Abschiednahme vorgebracht werden können:

- *Angst*. Ängste können durch schlechte Erfahrungen entstehen, z.B. wenn jemand in der Vergangenheit zum Ansehen eines Leichnams gezwungen wurde. Es kann auch sein, dass jemand noch nie einen verstorbenen Menschen gesehen hat und z.B. durch Bilder aus dem Fernsehen erschreckende Phantasiebilder vom Abschied entwickelt hat.
- *Überforderung*. Es kann sein, dass jemand sich von der Todesnachricht und allem, was zu regeln ist, völlig überfordert fühlt und meint, den Anblick des Verstorbenen nicht auszuhalten.
- *Verunsicherung*. Es kann sein, dass jemand nicht weiß, was er bei der Abschiednahme tun soll und sich die Peinlichkeit ersparen möchte.

Die Argumente für und gegen eine Abschiednahme sollten in Ruhe gegeneinander abgewogen werden. Ein *Gespräch*, in dem das Beängstigende und Überfordernde ausgesprochen werden kann, entspannt meist schon und mindert die Angst. Erklärungen darüber, wie ein Leichnam aussieht, und über das, was beim Abschied getan werden kann, nehmen die Unsicherheit. Diese Informationen können Mitarbeiter des Bestattungsinstitutes geben. Das Angebot von Begleitung ist ebenfalls unterstützend bei Ängsten und Unsicherheiten. Sie können als Freundin oder Angehöriger diese Begleitung sein, das können aber auch der Bestatter, eine Seelsorgerin oder ein Trauerbegleiter sein. Wenn jemand auch bei ausreichender Unterstützung eine Entscheidung gegen die Abschiednahme fällt, ist es wichtig, das zu akzeptieren und keinen Druck auszuüben. Sätze wie »Das wirst du mal bereuen!« sind in keinster Weise hilfreich! Wenn Sie selbst Ängste und Unsicherheiten zum Thema Abschiednahme spüren, fällt Ihnen vielleicht jemand aus dem Bekanntenkreis ein, der für so ein abwägendes Gespräch zur Verfügung stehen könnte.

Es gibt ganz selten den Fall, dass der Körper eines Verstorbenen nicht mehr angesehen werden kann. Das gilt vor allem, wenn der Mensch schon einige Wochen oder länger tot ist und durch den natürlichen Zerfallsprozess kein Teil des Körpers mehr dem lebendigen Menschen ähnelt. Das Bedürfnis nach Vergewisserung ist so nicht mehr erfüllbar. Die Hinterbliebenen müssen sich dann mit diesem unbefriedigenden Zustand abfinden und brauchen eine Anerkennung ihrer Frustration.

Wenn Sie gebeten werden, einen Verwandten oder Freund zur Abschiednahme zu begleiten, gilt auch für Sie der Grundsatz der Freiwilligkeit. Spüren Sie selbst große Ängste und Unsicherheit, dann können Sie die gewünschte Unterstützung nicht anbieten. Wenn Sie mitgehen möchten, seien Sie sich Ihrer Rolle bewusst. Sie sind NUR zur Unterstützung dabei. Der Trauernde bestimmt die Dauer des Besuchs und was dort geschieht. Am besten besprechen Sie vorher, was der Trauernde sich von Ihnen wünscht und wie er sich den Besuch vorstellt. Dann können Sie klarer entscheiden, ob Sie sich darauf einlassen möchten.

Erfahrungsbericht

Ich erinnere mich sehr gut an meine Freundin, die an Krebs gestorben war. Wir hatten sie noch einen Tag zuhause und konnten förmlich zugucken, wie sie sich verändert hat. Das hat es mir leichter gemacht, sie schließlich aus dem Haus zu geben – es war nicht mehr C., es war nur noch ihr toter Körper.

Tipp: Ein weitverbreitetes Vorurteil betrifft die angebliche Schrecklichkeit des letzten Bildes vom Verstorbenen, die alle anderen Erinnerungen überlagern könnte. »Tu dir das nicht an, behalte ihn so in Erinnerung, wie du ihn gekannt hast«, wird dann gesagt. Ich erlebe es genau andersherum – solange es kein letztes Bild gibt, bleiben für viele Trauernde auch alle anderen Erinnerungsbilder verschleiert. Das letzte Bild ist nicht mehr und nicht weniger als ein wichtiges letztes Bild; es hat keine Macht, alle anderen Erinnerungen auszulöschen. Um herauszufinden, was in der konkreten Situation angemessen und passend ist, spüren Sie, welche Ängste und welche Bedürfnisse Sie selbst haben, und vor allem hören Sie genau auf die Bedürfnisse und Ängste des trauernden Freundes.

Abschiedsfeiern, Totenmessen

In allen Kulturen der Welt, von denen ich weiß, gibt es rituelle und feierliche Zusammenkünfte, wenn ein Mensch gestorben ist. »Rites des passages« – »Übergangsriten« nennen Kulturwissenschaftler die Feiern, die an den Wendepunkten unserer Lebensläufe stattfinden. Zu Beginn des Lebens ist das heute im christlichen Kontext die Taufe, viele Jugendliche werden zu Beginn der Pubertät konfirmiert oder gefirmt, das Zusammenkommen von zwei Menschen als Paar wird mit der Hochzeit gefeiert, und schließlich wird das Ende des Lebens mit einer Beerdigung oder Abschiedsfeier gestaltet. In anderen Religionen und Kulturen werden dieselben Lebensübergänge mit Ritualen und Feiern gewürdigt. Die meisten der ursprünglich christlich geprägten Feiern verstehen wir in Deutschland nicht mehr in ihrer ursprünglichen Bedeutung. Wir machen mit, weil das irgendwie dazugehört und weil die Feiern oft mit Geschenken verbunden ist, die man gern annimmt. Auch Beerdigungen und Abschiedsfeiern werden von vielen Menschen als sinnentleert oder sogar lächerlich erlebt. Die Mischung aus Traditionen, die man nicht versteht, langweiligen Rednern und Pannen im Ablauf kann tatsächlich befremdliche Veranstaltungen ergeben. Das spricht aber nicht gegen die Beerdigungsfeier an sich.

Gemeinschaft hilft

Mehrere Aspekte von Abschiedsfeiern sind von Bedeutung. Da ist der soziale Aspekt von Gemeinschaft. Die engsten Hinterbliebenen erleben, dass sie nicht allein sind – die Lücke, die der Verstorbene hinterlässt, ist mit dieser Gemeinschaft nicht zu schließen, aber besser auszuhalten. Alleine Ihre Anwesenheit hilft den Hinterbliebenen. Und wenn Sie den Verstorbenen gekannt haben, wird es wahrscheinlich auch für Sie selbst hilfreich sein, einen Teil Ihrer Gefühle und Gedanken in den anderen wiederzuerkennen.

- Deshalb – *gehen Sie zu einer Beerdigung oder Abschiedsfeier, wenn Sie dazu eingeladen* werden und Zeit haben. Ihre Anwesenheit zeigt den Hinterbliebenen, dass Sie Anteil nehmen. Es ist ein guter Anknüpfungspunkt für spätere Kontakte. Es hilft Ihnen, die Situation der Trauernden zu verstehen. Und nicht zuletzt hilft es Ihnen, diesen Tod als Realität zu begreifen und Ihren eigenen Gefühlen dazu etwas näherzukommen.
- *Nehmen Sie den äußeren Ablauf nicht allzu ernst*, vor allem dann, wenn er Ihnen nicht gefällt. Lassen Sie alles, was Ihnen unstimmig oder aufgesetzt erscheint, an sich vorbeiziehen. Machen Sie sich bewusst, dass Sie für Ihre trauernden Freunde oder Verwandten hier sind. Auch wenn die nicht viel Zeit oder Gelegenheit haben, mit Ihnen zu sprechen – sie nehmen wahr, dass Sie da sind, darauf können Sie sich verlassen. Sie

setzen mit Ihrer Anwesenheit ein Zeichen, das an sich tröstlich und stärkend ist.

Begreifen ist wichtig

Es gibt in jeder Abschiedsfeier den Aspekt des Begreifens. Ich erinnere mich an die Beerdigung meines Großvaters, da war ich 14. Damals war ein Abschied am Sarg nicht üblich, so hatte ich ihn nicht tot gesehen und tatsächlich noch nicht richtig begriffen, dass er tot war. In dem Moment, in dem sein Sarg in das ausgehobene Grab heruntergelassen wurde, durchfuhr mich ein großer Schrecken, und als der Pfarrer eine Schaufel Erde auf den Sarg warf, wie das üblich ist, schossen mir Tränen in die Augen. Mein erster Gedanke war: »Der Opa wird doch ersticken da unten«. Der zweite Gedanke: »Aber er ist ja schon tot. Oh nein, der Opa ist tot!« Hätte ich damals die Wahl gehabt, hätte ich mir diesen Moment lieber erspart. Aber das hätte nichts genützt, ich musste ja begreifen, dass mein Opa tot war. Mit ein bisschen Vorbereitung durch meine Eltern wäre der Schrecken nicht so groß gewesen. Aber gerade Kinder brauchen die sichtbaren Zeichen einer Begräbnisfeier, um sich dem Begriff »tot« anzunähern. Es ist unvernünftig, sie davor bewahren zu wollen oder zu glauben, man würde Kinder schonen, in dem man ihnen den Zugang zu einer Beerdigung verbietet. Das ist weniger eine Schonung als eine Bevormundung bis hin zum Zwang. Auch Erwachsene möchten sich den deutlich sichtbaren Abschied gern ersparen. Der Moment, wenn die Urne oder der Sarg in die vorbereitete Erdöffnung gelassen wird, hat etwas Endgültiges. Der Tod wird noch ein Stück wirklicher. Und so weh das tut – es ist notwendig, um nicht jahrelang mit einem Gefühl der Unwirklichkeit und vagen Hoffnungen auf eine wundersame Rückkehr zu leben.

Erfahrungsbericht

Die Offenheit der Bestatterinnen war ein Geschenk. Wir hatten zehn Tage bis zur Trauerfeier. Meine Tochter war die ganze Zeit offen in den Räumen der Bestatterinnen aufgebahrt, und wir konnten dort sein, wann immer und wie oft wir wollten. Familie und Freund/innen von E. konnten sich, auch zu unterschiedlichen Zeiten, noch einmal am offenen Sarg von ihr verabschieden. Ich habe ihren Körper mit Rosenblüten zugedeckt, und wir haben in ihrem Dasein den Sarg gestaltet und am Ende den Sargdeckel geschlossen. Dieses Zeitfenster war ein sehr wichtiger Abschnitt im Prozess des Abschiednehmens und des Verstehens der Endgültigkeit.

Lebensrückblick

In evangelischen Gottesdiensten und bei Feiern mit einem freien Redner hat der Aspekt der Erinnerung einen großen Platz. Die Abschiedsfeier ist ein Ort, an dem vom Leben der Verstorbenen erzählt wird. Es wird versucht, eine Art Zusammenfassung der wesentlichen Ereignisse und Eigenschaften zu geben. Der Pfarrer bzw. die Trauerrednerin hat zuvor ein langes Gespräch mit den engsten Familienangehörigen geführt und diese Informationen dann in die Rede/Predigt übernommen. Es hängt vom Fingerspitzengefühl des Pfarrers bzw. der Rednerin ab, wie gut das gelingt. Traditionell gilt bei diesen Rückblicken, dass »über die Toten nichts Schlechtes gesprochen wird«. Das kann man als verlogen ablehnen, doch sobald man sich vorstellt, dass z.B. über den eigenen Vater in aller Öffentlichkeit hergezogen würde, wird dieser Brauch verständlich. Beerdigungen sind meiner Ansicht nach nicht der Ort, an dem »schmutzige Wäsche gewaschen« werden sollte. Viele Redner und Pfarrer richten sich heute aber nach den Wünschen der Familie, ob z.B. ein Alkoholproblem oder berufliches Scheitern des Verstorbenen erwähnt werden können. Sie sollten in der Lage sein, auch von solchen problematischen Teilen der Biografie respektvoll zu sprechen. Eine Rede, die dem Verstorbenen entspricht und ein angemessenes Bild von seinem Leben zeichnet, ist für die Besucher einer Abschiedsfeier sehr bewegend. Hier wird die Lebensleistung eines Menschen zusammengefasst und die Spuren, die er hinterlassen hat, werden nachgezeichnet. Aus dem englischsprachigen Raum stammt die Tradition, dass auch Angehörige und Freunde über den Verstorbenen sprechen. In Absprache mit der Pfarrerin oder dem Redner kann dies das Bild des Verstorbenen abrunden. Manchen Trauernden ist es ein großes Anliegen, auf diesem Weg ihre eigenen Erinnerungen mitzuteilen, das können einzelne Episoden sein oder die Geschichte des Kennenlernens oder eine Würdigung dessen, was dieser Mensch ihnen bedeutet hat.

- *Vielleicht werden Sie um Rat gefragt,* ob es eine gute Idee ist, eigene Gedanken und Erinnerungen beizusteuern. Statt gleich einen Ratschlag zu geben, hören Sie am besten einfach aufmerksam zu, was sich jemand davon erhofft und wovor er Angst hat. Meist wird im Besprechen deutlich, welche Seite überwiegt. Wenn Sie den Eindruck haben, dass es jemandem sehr viel bedeutet, bei der Abschiedsfeier eigene Erinnerungen mitzuteilen, wüsste ich nichts, was dagegen spricht.
- Wenn Sie den Verstorbenen selbst gut gekannt haben, *möchten Sie vielleicht auch etwas von ihm erzählen*. Fragen Sie die nächsten Angehörigen, ob das möglich und erwünscht ist.

> **Tipp:** Abschiedsfeiern würdigen das Leben des Verstorbenen und geben dabei unterschiedlich viel Raum für Erinnerungen. In kirchlichen Feiern sind religiöse Inhalte wie die Stärkung des Glaubens in schwerer Zeit und die Hoffnung auf Auferstehung besonders wichtig und stehen manchmal stärker im Mittelpunkt als das gemeinsame Erinnern.

Übergangsriten

Ein weiterer Aspekt ist vielen Menschen heute fremd, er betrifft die Vorstellungen von dem, was nach dem körperlichen Tod kommt. In vielen Religionen haben die Hinterbliebenen bestimmte Pflichten, damit die Verstorbenen ihren Weg in ein Totenreich antreten können. Vielleicht kennen Sie die ägyptischen Pyramiden mit ihren Grabbeigaben, die aus Reiseproviant und Reisebegleitern bestehen, aber auch Münzen für möglichen Wegezoll enthalten. In anderen Religionen sind Beigaben weniger wichtig als rituelle Handlungen. Im Islam und im Judentum ist es unbedingt erforderlich, dass der Körper des Verstorbenen von nahen Verwandten oder dazu beauftragten Totenwäscher/innen gewaschen und sobald wie möglich beerdigt wird. Im Islam wird der Leichnam nur in ein Tuch gehüllt bestattet, in der jüdischen Tradition ist ein Sarg üblich. Die Ausrichtung des Körpers und des Blicks ist in beiden Religionen die Bedingung dafür, dass der oder die Verstorbene ein Weiterleben nach dem Tod antreten kann. In verschiedenen buddhistischen Richtungen sind rituelle Feiern zu bestimmten Zeitpunkten nach dem Tod unabdingbar für die Seelenwanderung. Diese starken rituellen Bedeutungen kennen wir in christlichen Bräuchen nicht. Lediglich der Ort der Bestattung hatte lange eine entscheidende Bedeutung: Es musste geweihte Erde sein, die sich nur auf Friedhöfen fand. Menschen, die man über ihren Tod hinaus strafen wollte, wurden deshalb »außerhalb der Friedhofsmauern« beerdigt. Diese Vorstellung gibt es so heute nicht mehr.

Die rituelle Bedeutung des Gottesdienstes bei einer Abschiedsfeier ist heute noch am stärksten *in katholischen Messen* zu erleben. Sie sind normale Gottesdienste mit den üblichen Gebeten, Liedern, Lesungen von Bibeltexten und einer kurzen Predigt. In dieser Predigt wird relativ wenig über den Lebensweg des Verstorbenen berichtet, sein Name wird genannt und der gesamte Gottesdienst ist ihm gewidmet. Dies ist keine Respektlosigkeit dem Verstorbenen gegenüber, sondern eine bestimmte Tradition, in der das vergangene Leben weniger wichtig ist als das kommende. Die christliche Tradition glaubt an ein Leben nach dem Tod und hält dieses für schöner als das irdische Dasein. Darauf wird in allen Gebeten und Texten hingewiesen.

Tipp

Seien Sie geduldig mit den Teilen des Gottesdienstes, die Ihnen fremd sind oder nicht gefallen. Die vertraute Form gibt vielen kirchlich orientierten Menschen Halt und hat damit eine größere Bedeutung als die einzelnen Teile darin.

Gottesdienste und Abschiedsfeiern finden meistens *mit dem Sarg oder der Urne* statt. Oft wird im Anschluss an den Gottesdienst der Sarg bzw. die Urne zum Grab begleitet, dort spricht der Pfarrer erneut einige Gebete und freie Worte, dann kommt die eigentliche »Beerdigung«. Die »sterblichen Überreste« werden in die Erde gesenkt. »Erde zu Erde, Asche zu Asche« ist die rituelle Formel, die dazu gehört und eine grundsätzliche Aussage über die Vergänglichkeit allen Lebens darstellt. Damit wird dieser individuelle Tod in einen größeren Rahmen gestellt.
Der Pfarrer oder Redner wirft eine Schaufel mit Erde auf den Sarg/die Urne, die Angehörigen tun es ihm gleich, und meist ziehen alle Gäste am offenen Grab vorbei und werfen ebenfalls eine kleine Menge Erde in die Graböffnung. Als Alternative werden kleine Sträuße mit Grün oder Blütenblätter verwandt. Wenn Sie sogenannte »Wurfblumen«, also eine Einzelblume oder einen kleinen Strauß dabei haben, werden die zu diesem Zeitpunkt ebenfalls ins Grab geworfen. Größere Blumengebinde oder Kränze sind zuvor abgelegt worden und werden später vom Bestatter auf dem zugeschütteten Grab arrangiert.

- Der *Gang zum offenen Grab*, der Blick hinein und das Hinunterwerfen von Erde oder einer Blume sind besondere Erfahrungen. Versuchen Sie sich darauf einzulassen und zu spüren, dass hier der Tod deutlicher wird und ein Abschied genommen wird.

- Oft stehen die nächsten Angehörigen neben dem Grab und es ist üblich, ihnen die Hand zu schütteln und *»das Beileid« auszusprechen*. Wenn Ihnen die Worte fehlen, drücken Sie stumm die Hand und blicken Sie der Familie in die Augen. Ihre Anwesenheit und Ihre Anteilnahme zählen, nicht ein perfekter Text. Versuchen Sie, die Endgültigkeit und auch Hilflosigkeit dieser Momente auszuhalten, und überlegen Sie, welche Bedeutung Sie für sich darin finden können.
- Heute gibt es viele weitere Möglichkeiten: Nicht nur bei Bestattungen von Kindern werden am Grab manchmal Luftballons verteilt, die dann gemeinsam in die Luft steigen, auch das ist ein Sinnbild für Vergänglichkeit und ein Bild der Hoffnung auf ein Weiterleben zugleich. Manchmal spielen Musiker am Grab die Lieblingsmusik des Verstorbenen. Versuchen Sie zu begreifen, was die Hinterbliebenen mit diesen Handlungen ausdrücken wollen. Machen Sie sich möglichst nicht lustig über Dinge, die Sie nicht nachvollziehen können. Oft sind es gerade die Dinge, die einem besonders »schräg« erscheinen, die besonders gut zum Verstorbenen passen und als Sinnbild im Gedächtnis bleiben.

Andere Religionen, andere Sitten

In Deutschland leben einige Millionen Muslime und Hunderttausende von Menschen anderer Religionen wie dem Judentum, dem Hinduismus und dem Buddhismus. Jede dieser Religionen hat ihre besonderen Rituale, Glaubensvorstellungen und Vorschriften in Bezug auf Tod und Trauer. Religiöse und rituelle Inhalte sind für einen Teil der Menschen von großer Bedeutung und müssen sehr genau eingehalten werden. Für einen anderen Teil vermischen sich religiöse Inhalte und Brauchtum mit modernen Abschiedsformen wie für die meisten christlich aufgewachsenen Menschen auch.

Einige Besonderheiten bei Muslimen:

- Es gibt verschiedene religiöse Vorschriften im Islam, die nur langsam mit den deutschen Friedhofsordnungen in Übereinstimmung gebracht werden. So soll die Beerdigung 24 Stunden nach dem Tod erfolgen und der Leichnam soll nur in Tücher gehüllt, also ohne Sarg in die Erde gebettet werden. Der Verstorbene soll auf der rechten Seite liegen und den Blick nach Osten richten. Zunehmend richten sich deutsche Friedhöfe mit speziellen Gräberfeldern und Räumen für die vorgeschriebene rituelle Waschung auf Bestattungen gemäß dem islamischen Ritus ein. Doch bisher werden die meisten in Deutschland lebenden Muslime in ihre Heimatländer überführt, damit sie dort nach muslimischen Regeln bestattet werden können.
- Das Verhalten der Trauernden während der Bestattung und auch danach sollte aus Sicht der meisten muslimischen Traditionen würdevoll und leise sein. Lautes Weinen und Klagen sind verpönt. In manchen Traditionen sollen aber Klageweiber und auch die Angehörigen selbst mit ihrem ausdrucksstarken lauten Weinen und Klagen in begrenzten Stunden, z.B. während des Trauerzuges, ihren Schmerz ausdrücken.
- Blumen und Kränze auf dem Grab sind nicht erwünscht.
- Beileidsbesuche sollten innerhalb der ersten drei Tage gemacht werden, in dieser Zeit gelten sie als verdienstvoll, danach ist die offizielle Trauerzeit vorbei. In vielen Traditionen gibt es jedoch Treffen und Feiern nach vierzig Tagen und zum Jahrestag des Todes.
- Die innere Zwiesprache mit den Verstorbenen gilt strenggläubigen Muslimen als falsch. Die Toten sind bei Gott, es gilt, die Grenzen zu akzeptieren.

Lassen Sie sich nicht durch religiöse Vorschriften verunsichern. Es gibt heute Abschiedsfeiern, die von einem Imam und einer freien Rednerin gemeinsam gestaltet werden oder von einem Rabbi und einer Pastorin. Gehen Sie auf trauernde Freunde und Nachbarn zu, auch wenn Sie sich nicht sicher sind, ob Sie alles richtig machen. Alle Religionen begleiten den Verstorbenen auf seinem letzten Weg und stellen Gemeinschaft für die Hinterbliebenen her. Anteilnahme, Gemeinschaft und auch gemeinsame Erinnerung an die Verstorbenen sind menschliche Grundbedürfnisse.

Zum Weiterlesen

Auf *www.religion-online.info* finden Sie kurze Artikel und weiterführende Links zu allen großen Religionen.

Tipp: Der Tod eines vertrauten Menschen ist ein einschneidendes Erlebnis für die Hinterbliebenen. Jede Reaktion darauf bleibt viel eher in ihrem Gedächtnis als anderes Verhalten. Trauen Sie sich deshalb zu reagieren, auch wenn Sie unsicher sind. Schreiben Sie eine Beileidskarte. Gehen Sie zur Beerdigung. Besuchen Sie den anschließenden Imbiss. Zeigen Sie sich und seien Sie dabei, seien Sie da!

Erfahrungsbericht

Freunde, Verwandte, aber auch sehr viele Menschen, die ich noch nie vorher gesehen hatte, kamen auf meine Mutter I., meine Schwester H. und mich zu, nahmen uns in den Arm und gaben uns das Gefühl, in diesem schweren Moment des Abschieds nicht alleine zu sein. Es war wunderbar zu spüren, wie vielen Menschen F. etwas bedeutet hat, und es tat uns gut, auch noch nach der Trauerfeier viele Stunden in dieser Gemeinschaft zu verbringen.

»Was mache ich, wenn sie in Tränen ausbricht?«

Das eigene Unbehagen im Umgang mit großen Gefühlen. Ideen zum Abbau von Angst und Überforderung

Tränen gelten als Ausdruck von Unbeherrschtheit und Schwäche; den meisten Menschen ist es äußerst peinlich, in der Öffentlichkeit zu weinen. Tränen gehören jedoch zur natürlichen und auch entlastenden Reaktion auf Verlusterlebnisse. Trauernde geben sich in der Regel große Mühe, ihre Tränen fern von der Öffentlichkeit zu weinen. Sie selbst empfinden es häufig als unangemessen, in Gegenwart anderer starke Gefühle zu zeigen. Sie brauchen also gar nicht so viel Angst vor Gefühlsausbrüchen eines Trauernden zu haben – er oder sie tut schon selber alles, um das zu vermeiden. Wenn doch einmal einige Tränen fließen sollten, brauchen Sie sich auch nicht zu sorgen. Weinen ist entlastend und regelrecht gesund, sogar das Immunsystem profitiert von geweinten Tränen, mit denen Giftstoffe ausgeschieden werden.

Weiche Tränen

So schnell, wie Tränen kommen, so schnell gehen sie meist auch wieder. Wer Tränen zulassen kann, bekommt in der Regel nicht einmal die gefürchteten geschwollenen Augen. Weiche, zugelassene Tränen ziehen vorbei wie ein kurzer Regenschauer. Als ZuhörerIn brauchen Sie sich gar nicht auf eine lange tränenreiche Erzählung einzustellen, vermutlich wechselt die Stimmung innerhalb weniger Minuten. Vielleicht werden Sie sogar sehr bald nach den Tränen von einem Lachen überrascht.
Vielleicht erleben Sie, dass Sie selbst »zu Tränen gerührt« sind durch die Worte und Tränen eines Trauernden. Lassen Sie das zu. Auch Ihre weichen Tränen schaden niemandem. Der trauernde Mensch nimmt wahr, dass Sie emotional berührt sind und fühlt sich dadurch in seinen eigenen Gefühlen bestätigt und angenommen.

Weinkrämpfe

Anders ist das mit Tränen, die krampfartig aus Trauernden herausbrechen und von allein kaum enden. Sie strengen den Trauernden selbst sehr an, oft sind sie von Zittern und krampfartigem Schluchzen begleitet, der Betroffene ist kaum ansprechbar und hat sich in Entsetzen und Gefühlen des Alleinseins verloren. Außenstehende werden solche Zustände so gut wie nie erleben; einzige und seltene Ausnahmen können sein: die unmittelbare Todesnachricht oder Beerdigungen nach dramatischen, plötzlichen und unzeitigen Todesfällen. Solche Weinkrämpfe sind weniger Ausdruck von Traurigkeit als von Schock und Entsetzen. Nahe Angehörige und Freunde können diese Zustände bei sehr vertrauten Trauernden erleben. Wenn das geschieht, ist es hilfreich, dem Betroffenen körperlich Halt zu geben, z.B. durch eine Hand auf dem Schulterblatt, oder – falls gewünscht – eine Möglichkeit, sich anzulehnen, den Kopf in den Schoss zu legen, sich an jemanden anzukuscheln. Gesprochene Worte sind weniger durch ihren Inhalt als durch eine beruhigende, liebevolle Stimme von Bedeutung. Da ein Mensch sich selbst und die Gegenwart in seinem Weinkrampf verliert, ist alles hilfreich, was wieder zur Wahrnehmung der gerade gegebenen Unterstützung in der Gegenwart führen kann.

Weinkrämpfe sind ein Hinweis auf große Überforderung und ein Überwältigtsein durch das Geschehen. Wenn sie länger als einige Wochen nach dem Todesfall auftauchen, ist es sinnvoll, eine Beratung oder Therapie aufzusuchen. Dort können Techniken erlernt werden, anders mit der Überforderung umzugehen. Darüber hinaus kann im beratenden oder therapeutischen Gespräch erkundet werden, ob es bereits vor dem aktuellen Verlust andere überwältigende Situationen im Leben des Betroffenen gegeben hat. Überlassen Sie diese Erkundungen denen, die dafür ausgebildet sind; mit gut gemeinten »pseudotherapeutischen Gesprächen« werden erinnerte Belastungen eher verstärkt als vermindert. Als Freundin oder Angehöriger ist das Beste, was Sie zur Unterstützung tun können: in akuten Weinkrämpfen Halt geben und darüber hinaus zur Annahme von qualifizierter Hilfe ermutigen.

Lachen und Weinen

Lachen und Weinen sind Ausdruck tiefer, unkontrollierbarer Gefühle. Beide sind nah verwandt, sicher haben Sie selbst schon einmal »Tränen gelacht« oder auch angesichts einer erschütternden Situation einen unbändigen Lachreiz verspürt. Bei sehr starken Eindrücken und dadurch ausgelösten Gefühlen springen unsere Ausdrucksformen manchmal vom Weinen ins Lachen oder umgekehrt, wenn wir auch vor Freude Tränen vergießen. Kindern passiert das häufiger als Erwachsenen. Ich erinnere mich an die Beerdigung meiner Klassenlehrerin, die starb, als ich in der dritten Klasse war. Es war ein bitterkalter Winter und wir standen im Schnee an ihrem Grab. Ich hatte sie gern gehabt und war sehr verstört und traurig über ihren Tod, aber nun stand ich hinter den anderen versteckt auf dem Friedhof, weil ich mich vor Lachen kaum halten konnte. Damals habe ich mich sehr geschämt und mir gewünscht, ich hätte weinen können. Wenn Sie diese Reaktion bei anderen erleben, denken Sie bitte nicht schlecht von ihnen. Das Springen von einer emotionalen Abreaktion zur anderen ist ein Zeichen für die Stärke der Emotionen und für die völlige Überforderung damit. Mir hat damals geholfen, dass meine Mutter die ganze Klasse nach der Beerdigung zum Kakaotrinken einlud, wo wir uns aufwärmen und nach der fremden Situation der Beerdigung normal miteinander reden konnten. Niemand hat mich beschimpft oder schief angesehen. Wenn ich mir rückwirkend etwas wünschen dürfte, dann wäre es jemand, der sich ruhig zu mir gesetzt und mir erklärt hätte, was da mit mir passiert ist. Jemand, der mir gesagt hätte, dass ich sehr traurig und durcheinander war. Jemand, der mir gesagt hätte, dass es richtig ist, starke Gefühle nach dem Tod einer Lehrerin zu haben.

Die Beherrschung verlieren

Lachen ist ebenso wie Weinen ein Zeichen dafür, dass das »Zusammenreißen« nicht mehr funktioniert. Wer weint, hat zumindest kurzzeitig die Kontrolle über das eigene Verhalten verloren. Die Gefühle sind dann stärker als der eigene Wille und stärker als die Anforderungen von anderen. Etwas passiert einfach, wir verlieren die »Beherrschung«. Wahrscheinlich ist es das, was uns Angst vor Tränen macht – seien es die eigenen oder die eines anderen Menschen. In diesen Momenten fallen wir »aus der Rolle«, wir zeigen uns ungeschminkt, und so unangenehm das zunächst sein mag, liegt darin auch eine Art von Geschenk. Unwillkürliche Tränen sind echt, sie zeigen etwas Tiefes und Wahrhaftiges.

Wenn Ihnen die Tränen eines anderen sehr unangenehm sind, haben Sie vermutlich kein entspanntes Verhältnis zu Ihren eigenen Tränen. Vermutlich beschäftigen Sie sich mit Ihren Gefühlen lieber für sich allein oder vielleicht lieber überhaupt nicht. Das liegt wahrscheinlich an den Regeln, mit denen Sie groß geworden sind. Sprüche wie: »Ein Indianer kennt keinen Schmerz«, »Sei keine Heulsuse!« oder abfällige Äußerungen über »hysterische« Frauen und männliche »Memmen« prägen ein sehr distanziertes Verhältnis zu Gefühlen. Mein Vorschlag ist, dass Sie in einem ersten Schritt anerkennen, dass die abwertenden Urteile über Gefühle, mit denen Sie groß geworden sind, nicht unbedingt richtig sein müssen. Es gibt auch Sichtweisen, in denen ein offener Umgang mit Gefühlen als normal und hilfreich angesehen wird. Gefühle, die regelmäßig gezeigt werden können, bleiben in einem aushaltbaren Rahmen. Die Angst, jemand könnte zusammenbrechen, weil er feuchte Augen bekommt, ist meiner Erfahrung nach ausgesprochen unrealistisch.

Tipp:

Wenn jemandem die Tränen kommen, können Sie:

- Dableiben!
- Zuhören!
- Einen Moment Zeit für die Gefühle des anderen haben.
- Sich erlauben, selbst berührt zu sein.
- Wenn es zur Beziehung passt, eine Hand auf die Schulter oder den Arm legen. Wenn es zur Beziehung und zum Moment passt, eine Umarmung anbieten. Wenn man sich sehr nah ist, kann Ihre Schulter buchstäblich die sein, an die sich jemand anlehnen und sich dabei vielleicht sogar ausweinen kann.
- Daran denken: Es ist nicht gefährlich, Gefühle zu haben, und es ist auch nicht schädlich, sie zu zeigen.

Bitte vermeiden Sie:

- Gut gemeinte Sprüche wie »Das wird schon wieder!«
- Peinlich berührtes Schweigen und dann ein rascher Themenwechsel.
- Reflexhafte Umarmungen, Trauernde sagen oft: »Das fühlt sich an wie eine Umklammerung« oder auch: »Da wird mein Gefühl weggetröstet.«

Erfahrungsbericht

Eine Arbeitskollegin kam zu Besuch, obwohl ihr dieses Kommen sehr schwer fiel, setzte sich zu mir, nahm meine Hand, weinte mit mir und hielt diesen Schmerz einfach mit mir aus. Sie kam öfter und wir konnten dann auch reden, und ich freute mich, als sie mit mir zum Grab meines Sohnes fuhr.

»Da muss jeder alleine durch!«

Zwischen »Allein« und »Einsam« besteht ein großer Unterschied. Ermutigung zur Anteilnahme und Ideen, wie man sie ausdrücken kann

Trauernde erleben viele Stunden mit sich allein, in denen sie vorher Zeit mit dem verstorbenen Menschen verbracht haben. Diese Stunden kann ihnen niemand abnehmen. Aber es gibt auch Stunden, in denen jemand, der trauert, ganz alltäglichen Kontakt mit anderen Menschen hat, z.B. auf dem Wochenmarkt, bei einer Feier, im Chor, beim Sport und im Büro. Bei diesen alltäglichen Begegnungen kann es passieren, dass Trauernde sich wie Ausgestoßene fühlen, weil niemand mit ihnen sprechen mag.

Allein oder allein gelassen

Zeit mit sich allein kann ein wohltuender und sogar heilsamer Rückzugsort in schweren Zeiten sein. Wir alle kennen das, nach einer Enttäuschung oder Verletzung möchten wir uns manchmal nur zurückziehen, den Tränen freien Lauf lassen und unsere Ruhe haben. Das ist ein Zustand, der einige Stunden erleichtert, vielleicht sogar zwei Tage lang, aber danach verliert das Alleinsein seinen Reiz. Wenn dann niemand da ist, der an die Tür klopft und nachfragt, wird der angenehme Rückzugsort zum gefühlten Gefängnis. Alleingelassensein fühlt sich niemals gut an. Das Bewusstsein, dass sich kein anderer Mensch für das eigene Schicksal interessiert, ist erschreckend. Muss da jeder »allein gelassen« durch? Gerade in Zeiten von Sorgen und Traurigkeit sind andere Menschen eine wichtige Kraftquelle. Manche Trauernde erzählen, dass sie in den ersten Tagen nach der Todesnachricht immer ein »volles Haus« hatten. Familienangehörige, nahe Freunde, aber auch Bekannte und Nachbarn gaben sich die Klinke in die Hand, Essen wurde mitgebracht, es war immer jemand da, der mit den Kindern spielte, die Haustiere versorgte. Es wurde geweint, gelacht, organisiert, geschwiegen. Manche Familien oder enge Freunde verbringen die ersten Nächte in einem großen Matratzenlager beieinander. Schutz und Halt in der Gemeinschaft ist etwas Archaisches und ungeheuer Wirksames. Jeder von uns hat Erinnerungen an besondere Gruppenerlebnisse, sei es im Fußballstadion, bei einem Konzert, einer Party mit guten Freunden, einem Gottesdienst. In Trauerfällen ist die Beerdigungsfeier manchmal so ein Erlebnis. Diese intensiven Momente erweitern sich idealerweise zu einem alltagstauglichen Netz von Ansprechpartnern. Gehen Sie deshalb auch nach einigen Monate noch bei Ihren trauernden Freunden vorbei, schicken Sie eine Karte zu den Jahrestagen des Todes, fragen Sie nach dem Verstorbenen. Laden Sie Trauernde weiter ein, auch wenn sie schon zweimal abgesagt haben. Bieten Sie immer wieder zwanglos den Spaziergang, das Kaffeetrinken, den Saunabesuch an. *Lassen Sie Ihre trauernden Freunde nicht allein*.

Verlust und Schmerz sind nicht ansteckend!

Wenn Sie noch nie den Tod einen nahen Menschen erlebt haben, sind Ihnen die Reaktionen von Trauernden vielleicht fremd. Vielleicht sehen Sie in dem Schicksal des anderen auch Ihre eigenen schlimmsten Ängste realisiert. Krankheit, Tod und Unglück sind dann nicht mehr etwas, worüber man liest oder Filme ansieht. Sie werden plötzlich real und greifbar. Trotzdem sind diese beängstigenden Tatsachen JETZT nicht Teil Ihres eigenen Lebens, JETZT muss sich ein anderer Mensch damit auseinandersetzen. Sie brauchen diesem anderen Menschen, der sich mit Verlust, Trauer und Ohnmacht herumschlägt, nicht aus dem Weg zu gehen, um sich selbst zu schützen. Zurzeit sind Sie »auf der sicheren Seite«. Sie können es sich leisten, ein kleines Stück von der Sicherheit und Normalität Ihrer Lebenssituation zur Verfügung zu stellen. Dazu braucht es nicht mehr als ein Lächeln oder ein Schwätzchen, wie Sie es immer gehalten haben.

Tipp: Wenn Sie ebenfalls trauern um den Menschen, der gestorben ist, überlegen Sie, wie es mit Ihrem eigenen Alleinsein aussieht. Fühlen *Sie* sich alleingelassen? Brauchen Sie selbst mehr Verständnis und einen Gesprächspartner? Manchmal hat man die eigenen tiefen Gefühle noch gar nicht erkannt, spürt sie aber sehr genau bei den anderen. Versuchen Sie auseinanderzuhalten, was Ihr eigener Schmerz ist und was der andere fühlt. Suchen Sie Unterstützung für Ihre eigene Trauer! Auch Sie müssen nicht allein bleiben in dieser schweren Zeit!

Das eigene Alleinsein

Menschen, die sagen »da muss jeder allein durch« haben manchmal selber schwere Zeiten durchlebt, und zwar allein. Sie sind enttäuscht worden und haben deshalb heute wenig Vertrauen in andere. Warum sollten sie anderen helfen, wenn sie selbst keine Unterstützung bekommen haben? Es kann sich eine Art Rachsucht einstellen: »Wenn ich da allein durchmusste, dann soll es anderen nicht besser gehen.« Verbitterung und Misstrauen sind die Folge, wenn jemand mit seiner Not lange allein gelassen wird. Dann entsteht der Eindruck, es sei ein Lebensgesetz, dass Menschen in Einsamkeit und Not allein gelassen werden. Meiner Erfahrung nach ist das kein allgemeingültiges Lebensgesetz, es ist nur eine Sicht auf die Dinge. Eine andere Sicht könnte sein: »Ich möchte nicht, dass andere sich so verlassen fühlen, wie ich mich gefühlt habe. Es hat mir nicht gefallen, wie andere Menschen sich mir gegenüber benommen haben, deshalb werde ich es anders machen.« Eine weitere Sicht könnte heißen: »Ich merke, dass ich ganz schön verbittert geworden bin, ich brauche offensichtlich mal jemanden, der mir zuhört und mich unterstützt, da bin ich bisher zu kurz gekommen.«

Das hat sie selbst gesagt

Trauernde sagen das oft selbst: »Da muss eben jeder allein durch.«

- Das kann man als Erlaubnis betrachten, diesen Menschen von nun an in seiner Trauer allein zu lassen.
- Man kann darin eine Beschwerde hören, als hätte der andere gesagt, dass angesichts der mangelnden Unterstützung eben nichts anderes übrig bleibt, als allein damit umzugehen.
- Man kann das als Geringschätzung der eigenen Angebote auffassen, z.B. wenn man gerade eine Woche lang jeden Abend ein mindestens zweistündiges Telefonat mit dem Trauernden geführt hat und der eigene Haushalt sichtbar darunter leidet.

Ich schlage vor, es als wahre Aussage über einige Teile des Trauerns zu betrachten.

- »Ich muss da alleine durch« kann heißen: »Ich sehne mich nach dem verstorbenen Menschen, ich vermisse ihn und nur ihn, und niemand anderes kann mir das geben, was mir dieser Mensch gegeben hat.«
    - Denken Sie dann bitte an Ihre letzte Trennung und erinnern Sie sich daran, dass Sie genau dieses Gefühl hatten. Es war ab und zu schön, dass andere da waren, aber das Loch in Ihrem Herzen war dadurch nur besser auszuhalten, nicht zu stopfen.
    - Finden Sie sich damit ab, dass Sie und Ihre Anwesenheit nicht ausreichen, um »alles wieder gut« zu machen.
    - Versuchen Sie, es nicht als Kränkung zu empfinden, wenn der/die Verstorbene eine größere Bedeutung für den Trauernden hat als Sie selbst. Denken Sie daran, dass Sie zu Lebzeiten des Verstorbenen niemals versucht hätten, seine Rolle und Bedeutung einzunehmen.
    - Verstehen Sie das, was Sie geben und tun, als »kleines Geschenk«, und realisieren Sie, dass kleine Geschenke kleine Wirkungen haben. Aber wirkungslos sind sie nie.

»Da muss jeder alleine durch« kann auch heißen:

- Es gibt diesen Weg in ein verändertes Leben, den mir niemand abnehmen kann. Ich muss selbst entscheiden, wie es jetzt weitergeht. Ich will auch selbst entscheiden. Es ist MEIN Leben.
    - Versuchen Sie, Vertrauen zu entwickeln, dass jemand diesen Weg gehen kann.
    - Versuchen Sie, Unterstützung zu geben, auch wenn Sie die neuen Wendungen im Leben des anderen nicht verstehen.
    - Ertragen Sie, dass Sie selbst relativ wenig Einfluss auf die Entscheidungen des Trauernden haben.
    - Spüren Sie auch mal Ihre eigenen Wünsche – hätten Sie gern mehr Kontakt? Sehnen Sie sich nach den alten, unbeschwerten Tagen? Haben Sie sich die Zeit mit diesem Menschen, der jetzt trauert, ganz anders vorgestellt? Sind Ihre eigenen Zukunftspläne betroffen? Dann suchen Sie am besten Gesprächspartner und Unterstützung für sich selbst. Sie haben auch ein Recht auf Unterstützung, auch Ihre Frustration und Angst sind wichtig. Suchen Sie in einem ruhigen Moment auch das Gespräch darüber mit Ihrem trauernden Freund oder Familienangehörigen. Verzichten Sie möglichst auf Vorwürfe, benennen Sie Ihre Hoffnungen und Wünsche. Vielleicht freut sich Ihr Gegenüber über Ihre Vorschläge, vielleicht hat er nicht die Kraft, sich mit Ihren Sorgen und Wünschen auseinanderzusetzen. Vielleicht sind seine eigenen Pläne tatsächlich ganz anders als Ihre und Sie gewinnen im Gespräch Klarheit darüber. Wenn Ihre Wege weiter auseinandergehen, als Sie sich das gewünscht haben, und Sie darüber traurig und verzweifelt sind, suchen Sie im Umfeld nach anderen Menschen, die Ihnen zuhören. Auch Sie müssen da nicht »alleine durch«.

Erfahrungsbericht

So eine Nachricht, dass sich die eigene Mutter das Leben genommen hat, wirft alles Normale, jeden Rhythmus komplett über den Haufen. Man funktioniert, aber verspürt Leere, Appetitlosigkeit und jede Menge Gefühle, die ständig schwanken. Die Fragezeichen im Kopf verdrängen alles, was sonst den Alltag gelenkt hat. Wenn man in diesem Wirrwarr gleichzeitig versucht, viele Behördentermine zu vereinbaren, und parallel täglich 24h ein Baby zu versorgen hat, ist man dankbar über jede helfende Hand, die einem die kleinen Dinge des Alltages abnimmt, ohne dass man gefragt hat. Unsere Nachbarin konnte uns zwar nicht die Behördengänge abnehmen, aber indem sie mit meinem Baby Mittagsspaziergänge und Spielenachmittage gemacht oder einfach die Aufgaben des Wickelns übernommen hat, wenn ich selbst zu organisatorischen Terminen hetzte, war das für mich eine große Entlastung, da man sich in diesem Punkt keine Gedanken machen brauchte. Ich konnte zumindest mein Gewissen damit beruhigen, dass es meinem Kind an Nichts fehlt und es mitten in all dem Trubel ein Stück Normalität zurückerhält.

»Ach, die arme Frau!«

Mitleid hilft nicht, sondern macht klein. Mitgefühl ist eine gute Alternative, denn es kann mehr als nur bedauern

Wann sind Sie das letzte Mal bedauert worden? Und wissen Sie noch, wie sich das angefühlt hat?
Mitleid ist eine seltsame Sache. Es ist als einfühlsames Geschenk gemeint. Aber es kommt als beschämende Verletzung an. Woran liegt das?

Einseitiger Blick

Mitleid hat einen ganz und gar einseitigen Blick auf Menschen. Es sieht ausschließlich das Leiden, den Schmerz und die Ohnmacht eines Menschen, der einen Schicksalsschlag verkraften muss. Der zweite Blick, der daneben wahrnimmt, wie jemand sein Leid bewältigt und welche Kraftquellen er anzapfen kann, fällt beim reinen Mitleid aus.
Für denjenigen, der mit diesem einseitigen Blick betrachtet wird, ist das keine schöne Erfahrung. Mitleidige Blicke machen klein und schwach. Die Wahrnehmung anderer Menschen ist uns ein Spiegel. Wir werden zu dem, was in uns gesehen wird. Mitleid sieht nur die Schwäche und das Ausgeliefertsein. Inmitten einer Krise gibt es davon aber schon genug. Mitleidige Blicke und Kommentare verstärken diese Seite des Erlebens noch. »Bloß kein Mitleid«, sagen Trauende deshalb. Durch mitleidiges Verhalten fühlen sie sich abgewertet und klein gemacht. Da bleibt wenig Würde. Scham ist die Folge. Bemitleidete Menschen beginnen, sich für ihr Schicksal und ihre Trauer zu schämen. Wer sich schämt, zieht sich zurück. Wer bemitleidet wird, fühlt sich abgewertet und versucht, den eigenen Wert durch möglichst perfekte

Fassade zurückzugewinnen. Eine Bitte um Unterstützung würde das Gefühl, unfähig und zu schwach zu sein, wieder verstärken. So bewirkt Mitleid genau das Gegenteil von dem, was es bewirken soll.

Mit-Leiden

Für viele ist Mitleid ein Ausdruck von Mit-Leiden. Sie verstehen ihr Mit-Leiden als Angebot von Nähe und Verständnis. Diese Nähe entsteht aber nicht durch Mitleid. Zum einen, weil es gar nicht möglich ist, sich in das Verlusterleben eines anderen genau einzufühlen. Jeder Verlust und jeder Trauerweg ist ganz individuell. Immer wenn wir meinen, ganz genau zu wissen, was ein anderer fühlt und braucht, projizieren wir in Wirklichkeit unsere eigenen Gefühle in den anderen. Was sich für uns anfühlt wie ein echtes Mit-Leiden ist meist eine Mischung aus eigenen Gefühlen und eigener Phantasie. Der Mensch uns gegenüber bleibt dabei unsichtbar.

Und selbst wenn wir uns hundertprozentig in den Schmerz eines anderen einfühlen könnten – was hätte er davon? Wenn ich mich genauso verlassen, traurig, wütend, hoffnungslos, unverstanden fühlen würde wie er, könnte ich keine Unterstützung sein. Es braucht unterschiedliche Gefühle und Wahrnehmungen, um ein Gespräch zu führen, in dem beide etwas Neues und Bereicherndes erfahren können.

Tipp:

- Versuchen Sie es mit dieser Vorstellungsübung: Immer wenn das Mitleid sich meldet und Sie den trauernden Freund nur noch als arm und bedürftig sehen, setzen Sie ein inneres STOPP-Schild ein.
- Suchen Sie immer mal wieder drei Dinge, die Ihnen an ihrem trauernden Freund oder Angehörigen gefallen. Kleine Dinge

reichen aus, z.B. »Kann gut mit dem Hund umgehen.« »Hat wirklich schöne Hände.« »Findet immer eine Lösung für meine PC-Probleme.« Wenn Ihnen das gelingt, suchen Sie im nächsten Schritt etwas, was Sie sogar bewundernswert an ihm oder ihr finden.

- Wenn Sie unsicher sind, was Sie tun oder sagen wollen, fragen Sie sich: *Was würde dem anderen das Gefühl geben, respektiert und geachtet zu werden?*

Mitgefühl

Der Begriff ist ganz ähnlich, aber die Bedeutung ist eine ganz andere. Mitgefühl unterscheidet sich vom Mitleid wie ein herzliches Lachen von einem verkrampften Lächeln. Mitgefühl sieht den ganzen Menschen – nicht nur den Schicksalsschlag, sondern auch die innere Kraft, die jemand entwickelt, um mit seinem Verlust weiterzuleben. Mitgefühl sieht nicht nur die Ohnmacht eines Menschen, sondern auch die Aktivitäten, die jemand nutzt, um seine Situation auszuhalten oder sogar zu verbessern.

In meiner Praxis begegne ich täglich Menschen, die großes Leid und schwere Trauer ertragen. Ehrliches Mitgefühl ist meine einzige Chance, das auszuhalten und eine unterstützende Begleiterin zu bleiben. Mit Mit-Leiden wäre ich mir selbst längst verloren gegangen. Durch beschämendes Mitleid würden sich meine Klientinnen und Klienten abgewertet fühlen und sicher nicht wiederkommen.

Mitgefühl heißt, den ganzen Menschen zu sehen und auf den ganzen Menschen zu reagieren. So kann ich den tiefen Schmerz trauernder Menschen ahnen, ich kann ihrem Zorn zuhören, ihre Verzweiflung mit ansehen, ich kann aber auch mit ihnen lachen über absurde Vorkommnisse und ihren Stolz wahrnehmen über jeden kleinen Schritt ins Weiterleben.

Mitgefühl legt niemanden auf ein Gefühl oder einen Zustand fest, so wie Mitleid und Mit-leiden es tun. Mitgefühl und Mit-fühlen

sind offen für die Veränderungen im Trauerprozess, auch wenn sie nur klein sind. Wer mitfühlend angesehen und behandelt wird, sieht sich in seinen Schwächen, aber auch den verbliebenen Stärken erkannt. Das tut gut und ermutigt.
Sobald der eigene Kopf es schafft, jemanden nicht mehr nur »arm« zu finden, ändert sich automatisch das eigene Verhalten. Sie werden Trauernde weniger bedauern und mehr ernst nehmen. Sie werden deutlicher wahrnehmen, dass hier jemand mit einer schweren Zeit im Leben zu tun hat und sich alle vorhandene Mühe gibt, diese schwere Zeit zu bewältigen. Sie werden die Beklommenheit ablegen und sich erlauben, jemandem normal zu begegnen.
Wenn Sie Mit-Gefühl entwickeln, dann werden Sie neben Schmerz, Sehnsucht, Verwirrung und vielleicht Wut und Scham auch Gefühle wie Trotz, Dankbarkeit, Lebenslust und Neugier wahrnehmen. Versuchen Sie zu akzeptieren, was Sie wahrnehmen. Versuchen Sie es besonders dann, wenn Ihnen unverständlich oder sogar unangemessen vorkommt, was Sie mit-fühlen.

Übung

Ob Sie mit-fühlen oder mit-leiden, ist eine Sache des Blicks und der Einstellung. Sie können nicht etwas zeigen, was Sie eigentlich anders empfinden. Versuchen Sie es mit einem »ressourcenorientierten Blick« auf Menschen, die Verlust und Leid durchleben.

- Sehen Sie ihn an.
- Lösen Sie sich dabei von Ihren Phantasien, wie es Ihnen selbst in dieser Situation ginge.
- Spüren Sie die Erleichterung, dass Sie das gerade nicht durchmachen müssen. Sehen Sie den trauernden Menschen vor diesem Hintergrund an.
- Sehen Sie richtig hin. Wie macht er das, wie steht er das durch, woran hält er sich fest?
- Konzentrieren Sie sich auf das WIE. Wie macht dieser Mensch es, weiterzuleben?
- Wie stärkt er sich, wie organisiert er seinen Tag?

- Sehen Sie, was dieser Mensch alles hinbekommt.
- Fühlen Sie mit, wie anstrengend das ist.
- Erspüren Sie den Spagat zwischen Traurigkeit, Vermissen und Alltagsbewältigung.

Wenn ich mich so in trauernde Menschen einfühle, dann bin ich nicht mitleidig, ich bin eher beeindruckt. Nutzen Sie den ressourcenorientierten Blick konsequent, wenn Sie sich große Sorgen um einen nahen Freund oder ein Familienmitglied machen. Es entlastet Sie selbst, wenn Sie den Blick auf vorhandene Stärken des anderen lenken.

Akzeptanz

Die Kölner sagen »jeder Jeck is anders« und begründen damit eine Tradition von Toleranz. Wenn jeder verschieden vom anderen ist, dann ist keiner ganz genau so wie ich. Keiner geht genauso mit Stress um wie ich. Keiner drückt seine Gefühle exakt so aus wie ich. Niemand wählt dieselben Worte wie ich. Kein anderer Mensch reagiert genauso wie ich auf einen Verlust.

Mitgefühl braucht die Akzeptanz von Verschiedenheit. Da ist jemand anders als ich, reagiert auf eine Weise, die mir seltsam und fremd erscheint. Er weint ständig. Oder sie weint überhaupt nicht. Jemand will ständig über den Verstorbenen sprechen. Ein anderer verbittet sich jedes Gespräch über das, was geschehen ist. Jemand geht täglich zum Friedhof, obwohl der Tod schon zwei Jahre zurückliegt. Ein anderer schaltet auch zum 10. Jahrestag noch eine Anzeige. Über jede dieser Verhaltensweisen wird von anderen geredet, es wird gelobt, geklagt, für verrückt erklärt. Ich schlage vor, es mit Akzeptanz zu versuchen:

Akzeptanz heißt:

- Das Verhalten erst einmal stehen lassen.
- Meine schnelle Abwertung hinterfragen.
- Genau hinsehen, bevor ich eine Bewertung ausspreche.
- Annehmen, dass dieser Mensch sich so ausdrückt.
- Verstehen, dass in diesem Verhalten keine Botschaft an mich versteckt ist – weder eine Aufforderung noch eine Beleidigung.

Mit Akzeptanz lebt es sich deutlich leichter. Man muss sich nicht mehr so viel aufregen. In der Begegnung mit Trauernden halte ich Akzeptanz für eine gute Grundlage.

Wertschätzende Unterstützung

Erinnern Sie sich daran, wie es ist, bedauert zu werden? Wissen Sie, wie es ist, wenn andere Sie »arm« finden? Begriffe wie »erbärmlich«, »jämmerlich«, »armselig« passen dazu. Oder Begriffe wie »beraubt« und »mittellos«. Niemand möchte sich so fühlen, und niemand möchte so von anderen wahrgenommen werden. »Armsein« macht aus den realen Verlusten und Mängeln einen Makel. Als wäre man nur noch halb so viel wert in seinem »Armsein«. Deshalb wehren sich trauernde Menschen gegen Mitleid. Sie wünschen sich Akzeptanz und Wertschätzung. Und ggf. eine Unterstützung, die auf beidem basiert.
Wenn z.B. das eigene Kind oder der langjährige Partner gestorben ist, dann verwandelt sich das Leben der Hinterbliebenen oft in so etwas wie einen Marathon. Mitleid wird ihnen nicht helfen, die Strecke zu bewältigen. An einer Marathonstrecke würde niemand den müden Läufern mitleidig zurufen: »Ihr Armen, was macht ihr durch, wie müde seht ihr schon aus! Und es wird ja noch schlimmer auf den nächsten 20 Kilometern, das schafft ihr auf keinen Fall, ihr seid einfach zu schwach und die Strecke ist zu lang. Ihr Armen!« Es nützt auch nichts, den Läufern anzubieten, sie zu tragen oder zu fahren. Das ist ihr Trauerweg, den müssen sie selbst gehen. An Marathonstrecken stehen deshalb Unterstützer mit einfacher Nahrung und Getränken, es gibt ärztliche Versorgung und es gibt Unterstützer, die einfach da sind, für einen Moment ermutigend oder eine kleine Strecke begleitend. Das hilft. Mitleid hilft nicht.

Erfahrungsbericht

In der Trauerbegleitung wurde ich dazu ermutigt, entgegen allen Konventionen meinem Wunsch zu folgen, erst den Balkon schön zu gestalten und (es war Frühling) neu zu bepflanzen. Der Balkon mit den vielen Blumen und Pflanzen war immer eine Oase für mich gewesen, und es war für mich sehr wichtig, in all dem inneren und äußeren Chaos einen Platz zu gestalten, an dem ich mich wohl fühle und der mir Ruhe gibt. Danach konnte ich beginnen, den Nachlass meiner Tochter zu sortieren, mich langsam und in meiner Zeit von so vielem zu verabschieden und die Wohnung neu zu gestalten. Bis heute bin ich dafür dankbar, in einer Zeit, wo ich so verzweifelt und kraftlos war, Unterstützung bekommen zu haben, meiner inneren Stimme zu folgen und meiner Seele die Möglichkeit zu geben, mir mitzuteilen, wie ich meinen eigenen Weg zur Heilung finden kann.

»Jetzt reiß' dich mal zusammen!«

Ratschläge können leicht erschlagen. Was man eigentlich sagen will, und wie es gelingen kann, sich verständlicher auszudrücken

Immer dann, wenn wir nicht genau wissen, was wir sagen wollen, fällt uns eine allgemeine Floskel ein. Etwas, was so oft gesagt und geschrieben wird, kann nicht ganz falsch sein, denken wir. Und wiederholen es in dem Glauben, etwas gesagt zu haben, was nicht ganz falsch sein kann. Leider ist das ein großer Irrtum. Floskeln, Sprüche und allgemeine Ratschläge sind sehr unbeliebt bei Menschen, die eine besondere Situation durchleben. Das kennen Sie sicher auch von sich selbst, wenn Ihnen mitten im heftigen Liebeskummer jemand ein aufmunterndes »Vergiss ihn, auch andere Mütter haben schöne Söhne!« zuruft. Oder wenn ein Kollege Ihnen nach einem heftigen Streit mit Ihrem Chef sagt: »Stell dich nicht so an, Chefs sind nun mal so.«

✗ Bitte vermeiden Sie:

Anweisungen

Anweisungen sind meist in der Befehlsform formuliert, hier eine kleine Auswahl: »Jetzt muss es aber mal gut sein!« »Du musst endlich loslassen!« »Du musst jetzt nach vorn sehen.« »Reiß dich zusammen!« »Kopf hoch!«
Manchmal tarnen sich die Anweisungen auch als nachdrückliche Bitte: »Bitte, reiß dich doch endlich zusammen.«
Anweisungen vermitteln den Eindruck, jemand wüsste genau, was der andere tun muss. Sie geben sich auch den Anschein allgemeiner Regeln, die eingehalten werden müssen. Oft klingen sie wie Verhaltensregeln, die Eltern ihren Kindern gegenüber aussprechen, z.B.: »Beim Essen wird nicht gesprochen!« Anweisun-

gen sind das Gegenteil von respektvollem Umgang, weil sie sich überhaupt nicht für die Bedürfnisse des anderen interessieren. Deshalb sind sie so verletzend.

Trauernde brauchen keine Anweisungen, da sie in der Lage sind, eigene Entscheidungen zu treffen. Sie sind durcheinander und schmerzerfüllt, aber nicht unmündig.

Derjenige, der diese Anweisung ausspricht, versteckt dahinter manchmal seine eigenen Bedürfnisse. Wer sagt »Reiß dich endlich zusammen«, meint vielleicht: »Ich bin völlig überfordert und weiß nicht mehr, wie ich mit deiner Verzweiflung umgehen soll.« Dieser Mensch braucht selber Unterstützung oder einfach mal eine Auszeit, eine Weile mit sich allein. Das ist ein Auftrag an sich selbst, nicht an den Trauernden.

Tipp: Manchmal formulieren Trauernde solche Anweisungen an sich selbst. Sie werten den eigenen Trauerprozess ab und verachten sich selbst für ihre starken Gefühle und Einschränkungen in der Alltagsbewältigung. Wenn diese Einschränkungen sehr stark sind, ist das ein guter Moment, um auf die Möglichkeit professioneller Unterstützung durch eine Trauerbegleitung oder Psychotherapie hinzuweisen. Es ist aber nicht hilfreich, darüber in Streit zu geraten. Formulieren Sie, soweit es Ihnen möglich ist, Ihre Wertschätzung und akzeptieren Sie, dass Ihre Freundin oder Ihr Angehöriger unzufrieden mit sich selbst ist. Die Entscheidung über mehr Unterstützung oder mehr Geduld kann der trauernde Mensch nur selber treffen.

Aufmunterungen

Viele Menschen versuchen, Trauernde aufzumuntern und zu trösten. Dazu werden allgemeine Aussagen über den Verlauf und den Sinn von Krisen gemacht. Hier eine kleine Auswahl: »Du weißt ja, dass man an seinen Problemen wächst«, »Du bist so stark, das

schaffst du schon«, »Irgendwann wirst du verstehen, wozu das hier gut ist.«
Mit diesen Sätzen soll Zuversicht geweckt werden. Für einen Menschen in seinem Trauerschmerz ist das der sprichwörtliche »billige Trost«. Er lässt keinen Raum für das erlebte Leid und springt einfach in eine Zukunft, an die man ja gern glauben möchte, aber im Moment noch nicht glauben kann. Solche Aufmunterungsversuche machen Trauernde mundtot, statt sie zu trösten.
Wer versucht, mit diesen Sätzen Trost zu spenden, ist manchmal selbst überfordert mit Tod und Trauer. Die genannten Floskeln sind dann wie das Pfeifen im dunklen Wald. Der Sprecher hält sich selbst daran fest und mag nicht genauer hinsehen, wie es seinem Gegenüber gerade geht. Wer im Grunde sich selbst aufmunternde Botschaften zuspricht, kann das am besten gleich nur für sich tun. Für die eigene Gelassenheit reicht es völlig, wenn ICH weiß, dass da irgendwann eine Verbesserung kommen wird. Diese Gewissheit kann ich ausstrahlen, ohne sie auszusprechen. Sobald ich sicher bin, dass die Verzweiflung des Trauernden ein vorübergehender Zustand ist, kann ich sie besser mittragen.

Verkleinerungen

Der Versuch zu trösten führt oft dazu, dass wir den Anlass des Schmerzes klein reden. Hier ein Auswahl dieser Formulierungen: »Sie war doch nur deine Stiefschwester«, »Er hatte doch zum Schluss nur noch Schmerzen, sicher ist es besser so«, »Immerhin hattest du sie 20 Jahre, denk mal, wie es anderen geht, die nicht mal diese Zeit miteinander leben konnten.«
Ich würde aus zwei Gründen auf diese und ähnliche Formulierungen verzichten:

- Verkleinerungen und Relativierungen führen schnell dazu, dass Hinterbliebene sich nicht ernst genommen fühlen. Es hört sich an, als würde ihnen ihr Schmerz nicht zugestanden. Sie fühlen sich unter Druck gesetzt, sich nicht so anzustellen. Es fühlt sich an, als würde ihnen gesagt, dass sie übertreiben. Und dazu hat meiner Ansicht nach niemand das Recht. Menschen, die sich gezwungen fühlen, ihre Trauer zu verteidigen, fühlen sich sicher nicht unterstützt.

- Diese Verkleinerungen helfen vor allem denen, die sie aussprechen. Sie schaffen eine vorgetäuschte Sicherheit. Man behauptet einfach, dass viele Verluste gar nicht schlimm seien. Aber es gibt keine allgemeingültige Voraussage, wie die Nähe in der Beziehung oder die Länge der Leidenszeit die Dauer und Intensität eines Trauerprozesses beeinflussen. Manchmal bleibt auch der geschiedene Partner der wichtigste Mensch im eigenen Gefühlsleben. Manchmal erleben Angehörige in langen Krankheitsgeschichten so viele leidvolle Bilder und Erfahrungen, dass der Schrecken darüber den Trauerprozess überlagert. Jede Trauergeschichte ist anders. Bringen Sie das Interesse und die Geduld auf, sich die Geschichte Ihres Freundes oder Ihrer Angehörigen anzuhören. Und trauen Sie sich, darüber nachzudenken, dass es kein Rezept für perfektes Trauern gibt – auch nicht für Sie selbst.

Glaubenssätze/Behauptungen

Es gibt viel Halbwissen über Trauerprozesse, das gern in Spruchweisheiten gepackt wird. Wenn Menschen meinen zu wissen, was wir tun müssen, um schnell wieder glücklich zu sein, sagen sie etwa: »Wenn du ihn endlich loslassen würdest, ginge es dir besser«, »Du musst nur alles ein bisschen positiver sehen«, »Du musst aber auch wollen, dass es dir wieder besser geht.« Hier mischen sich die Anweisungen mit einem eingebildeten Expertentum. Diese laienhaften Diagnosen drücken sich auch aus in Formulierungen wie: »Du versteckst dich hinter deiner Trauer, um dich nicht auf mich/das Leben/ deinen Job einlassen zu müssen«, »Du gefällst dir doch in deinem Elend!«

Meist liegen wir mit solchen Vermutungen völlig falsch. Es gehört eine Menge Sachverstand und Einfühlungsvermögen dazu, solche tief greifenden Motive hinter einem Verhalten richtig zu erkennen. Selbst Psychotherapeuten, die über diesen Sachverstand verfügen, werden solche abwertenden Urteile selten aussprechen. Die anstrengende Wahrheit über Trauerprozesse ist: Sie dauern oft lange, nicht einmal das bekannte erste Trauerjahr reicht aus, um wieder ausgeglichen und zufrieden zu sein. Nach dem Tod eines nahen Menschen ist die Zeitspanne von drei Jahren realistischer. In dieser Zeit beschäftigen sich trauernde Menschen mit vielen Aspekten ihres Verlusts – sie müssen große Gefühle bewältigen, ihren Alltag umstrukturieren, ihre Zukunftspläne ändern, die Fragen nach dem Sinn ihres Lebens neu beantworten und das alles ohne einen Menschen, der ihnen vor seinem Tod viel Kraft gegeben und Lebensfreude vermittelt hat. Diese Kraft und Lebensfreude fehlen jetzt bei der Bewältigung des Weiterlebens. Lapidare Spruchweisheiten, die behaupten, man müsse »NUR« etwas Bestimmtes tun oder denken, dann ändere sich der eigene Zustand von Grund auf, sind diesen komplexen Aufgaben nicht angemessen.

Tipp: Verzichten Sie auf allgemeine Ratschläge. Wenn Sie den Eindruck haben, ein bestimmter Gedanke oder Vorschlag könnte dem Trauernden ein Stück weiterhelfen, dann sagen Sie das auch so. Z.B.: »Ich habe in diesem Buch etwas Interessantes gelesen und wollte dir davon erzählen.« Fragen Sie den Trauernden, was er von dieser Idee hält, und kommen Sie darüber ins Gespräch.

Erfahrungsbericht

Viele Leute wussten nach dem Tod meines Vaters vor 2 Jahren, was mir angeblich gut tut. Ich sollte vergessen, ich sollte nach vorne schauen, ich sollte mich nicht so anstellen. Bei anderen sollte ich meinen Körper besser spüren, dann irgendwelche Rituale machen, beten und vor allem endlich loslassen. Ich wollte das alles nicht und je mehr sie auf mich eingeredet haben, desto mehr habe ich mich zurückgezogen. Erst eine neue Freundin öffnete die Tür zu meinen Gefühlen, sie hat mir einfach zugehört und ihre Fragen haben mich auf die Spur gebracht, was mir noch fehlte, um mit meinem Vater Frieden zu finden.

»Ich will da nicht stören ...«

Die Angst, aufdringlich zu sein, und die heilsame Wirkung von Gemeinschaft. Tipps für konkrete Unterstützungsangebote

Als sie vom Tod des Sohnes im Nachbarhaus hörte, machte sich eine Frau, die lange in Afrika gelebt hatte, sofort auf den Weg und klingelte: »In Afrika muss man da erst mal zum Teetrinken hingehen.«
Eine Krankenschwester, die ihr Praktikum in Israel gemacht hat, erzählt: »Wenn in Tel Aviv ein Patient der Station gestorben ist, dann sind selbstverständlich alle ins Trauerhaus gegangen, nicht nur die engsten Freunde, auch alle Nachbarn, Bekannten, auch wir von der Station. Es gab Essen, das Nachbarn und weitere Verwandte mitbrachten, man saß einfach beieinander, in den ersten Tagen war die Familie nie allein.«
Als ich eine Weile im Westerwald auf einem kleinen Dorf wohnte, klingelte es eines Abends und eine Nachbarin aus der Straße teilte mir mit, dass der alte Mann drei Häuser weiter an diesem Nachmittag gestorben war. Ich wurde selbstverständlich zur Totenwache und zur Beerdigung eingeladen, obwohl ich bisher weder mit dem verstorbenen Mann noch mit seiner Frau mehr als die üblichen Grüße beim Vorübergehen gesprochen hatte. Die Dorftradition war Generationen alt und bezog mich mit ein, einfach, weil ich Teil der Dorfgemeinschaft war. Ich war eingeladen, und es gab keinen Gedanken daran, dass ich gestört hätte.

Einfach da sein

Seither weiß ich, dass ich gar nicht in ein anderes Land reisen muss, um gemeinschaftsorientierte Trauerformen kennenzulernen. In ländlichen Regionen ist es auch heute noch selbstverständlich, das Trauerhaus zu besuchen und den Hinterbliebenen in den ersten Tagen tatkräftig zur Seite zu stehen. Trauernde, die

vor kurzem vom Tod eines nahen Menschen erfahren haben, profitieren von Gemeinschaft. Es tut ihnen gut, wenn andere einfach da sind, unaufdringlich einfach da. Die Erfahrungen von Anteilnahme, Trost, Wärme, Zuneigung, die in diesen Stunden und Tagen gemacht werden, erleichtern den Weg in ein Leben ohne den Verstorbenen. Sie signalisieren: Auch wenn gerade jemand, der dir ungeheuer wichtig ist, gestorben ist und niemals zurückkommen wird, hier sind andere, die am Leben sind, die bei dir bleiben und die immer wiederkommen. Daran ist nichts Störendes.
Ein Topf Suppe, ein Gesteck mit einer Kerze, ein gut duftendes Körperöl, es sind solche alltagstauglichen Mitbringsel, die trauernden Menschen in den ersten Tage durch ein Leben helfen, das komplett auf den Kopf gestellt ist. Wärme, Licht, Nahrung und Gemeinschaft helfen durchhalten: die Tasse mit Tee auffüllen und eine Decke um die Knie legen, wenn jemand friert, die Einladung zu einem Spaziergang, die Stunde Zeit für gemeinsames Herumsitzen, auch ohne Aktivitäten und tiefgehende Gespräche.

Initiative zeigen

Der Tod eines vertrauten Menschen muss buchstäblich »verkraftet« werden. Es kostet sehr viel Energie, sich im veränderten Alltag zurechtzufinden, und für viele sind ihre Gefühle noch anstrengender. Von tiefer Verzweiflung über große Wut bis zu zärtlicher Erinnerung und zermürbender Sehnsucht reicht die Palette der Empfindungen. Alles tut weh, die Seele und bei vielen auch der Körper. Dazu kommen bei manchen Scham und Schuldzuweisungen in viele Richtungen hinzu, manche Trauernde entwickeln Angst vor der Zukunft und vor neuen Bindungen. Das alles müssen Trauernde bewältigen, während sie gleichzeitig ihren normalen Alltag im Beruf, in der Familie und der Freizeit weiterleben. Kein Wunder, dass an manchen Stellen etwas zu kurz kommt. Es fehlt die Kraft, Vorschläge für interessante gemeinsame Unternehmungen zu machen, und oft auch die rechte Stimmung, um an unverbindlichen Treffen oder sogar Feiern teilzunehmen.

Gehen Sie auf trauernde Freunde zu, sprechen Sie sie an. Denken Sie sich etwas aus – das kann etwas sein, das sich auf die Trauer und den verstorbenen Menschen bezieht, z.B. ein gemeinsamer Friedhofsbesuch, ein Stunde Zeit, in der Sie sich nach dem Verstorbenen erkundigen. Das kann auch etwas Alltägliches sein, ein Einkaufsbummel miteinander, eine Verabredung im neuen Bistro um die Ecke. Kommen Sie auf Aktivitäten zurück, die Sie beide vor dem Todesfall geteilt haben. Haben Sie zusammen Billard gespielt, Musik gehört, gekocht, Sport gemacht? Entwickeln Sie Experimentierfreude und probieren Sie Verschiedenes aus. Immer wieder. Bedenken Sie, dass Ihr eigenes Leben nach einigen Wochen oder spätestens Monaten in seinen gewohnten Rhythmus fällt. Aber für die trauernde Freundin gibt es keine Rückkehr in das alte Lebensgefühl. Alles hat sich für sie verändert, und es bleibt für viele Trauernde einige Jahre lang anstrengend, sich ein neues Leben aufzubauen.

Dranbleiben

Eine meiner ersten Klientinnen war eine sechzigjährige Witwe, die mir erzählte, sie habe in den ersten Monaten nach dem plötzlichen Tod ihres Mannes nicht ein einziges Mal den Hörer abnehmen können, wenn das Telefon klingelte. Sie habe aber oft neben dem Apparat gestanden und die Nachrichten, die auf den Anrufbeantworter gesprochen wurden, hätten ihr die Kraft zum Weiterleben gegeben. Ähnliche Geschichten habe ich von vielen Trauernden gehört. Sie brauchen häufiger als zuvor Raum für sich allein, aber sie brauchen auch das Gefühl, nicht vergessen worden zu sein. Dann sind Freunde nötig, die Verständnis haben und sich nicht zurückgewiesen fühlen. Wer hartnäckig und geduldig zugleich bleiben kann, ist für trauernde Menschen ein großes Geschenk. Die Fähigkeit, über Monate und Jahre hinweg immer wieder eine Einladung auszusprechen, auch wenn sie ab und zu abgelehnt wird, oder den anderen mit einer freundlichen Geste zu überraschen, erhält Freundschaften und vertieft sie.

Erfahrungsberichte aus verschiedenen Situationen

Die Todesnachricht

1996 wurde auch unser Sohn P. geboren, der im Alter von 10 Wochen am Plötzlichen Kindstod starb. Die größte Unterstützung als trauernde Mutter erfuhr ich durch unsere Hebamme, Frau O. Sie war damals umgehend von der Polizei informiert und befragt worden und entschloss sich kurzerhand, bei uns vorbeizukommen. Unser Sohn war gerade vom Bestatter abgeholt worden, und ohne ihre Anregung wären wir zweifellos gelähmt geblieben oder hätten uns von der Hektik der anderen anstecken lassen. »Tun Sie für Ihren Sohn, was Sie für ihn noch tun können.« Derart ermutigt, erlaubten wir es uns, die Zeit bis zur Beerdigung intensiv mit unserem Sohn zu nutzen. Dank der Hebamme hatten wir – als ich meine Angst endlich überwunden hatte – noch zahlreiche schöne Momente mit unserem Sohn. Erst im Nachhinein und im Austausch mit einer ebenfalls von der Hebamme empfohlenen Gruppe der »Verwaisten Eltern« wurde uns bewusst, dass dies der ungewöhnlich positive Beginn eines zweifellos sehr schweren, gleichzeitig jedoch unglaublich stärkenden Trauerprozesses war.

An dem Tag, an dem ich von der Polizei erfuhr, dass mein Mann im Wald gefunden wurde, nachdem er 3 Monate vermisst wurde, war eins meiner erwachsenen Kinder beruflich in M. und hat auch dort gewohnt. Da wir ihr die Nachricht nicht am Telefon überbringen wollten, habe ich eine Freundin von mir, die auch in M. arbeitete, angerufen und sie gebeten, zu meiner Tochter zu fahren. Sie hat daraufhin direkt auf ihrer Arbeitsstelle geklärt, dass sie gehen muss, und ist zu meiner Tochter gefahren. Dort hat sie ihr erzählt, dass ihr Papa tot gefunden wurde, und hat sie zu uns nach Hause, welches 100 Kilometer von M. entfernt ist, gebracht. Da wir uns in dem Moment in einer doch sehr hilflosen Situation befanden, werden wir ihr nie vergessen, dass sie aktiv wurde und uns geholfen hat, ohne viel zu fragen.

In den Monaten nach der Todesnachricht

Bei den Geldsorgen und Schulden nach Mutters Tod war es unbezahlbar, dass wahre Freunde ihr Wochenende und ihre Freizeit opferten, um uns mit ihrem Fachwissen zu helfen. Buchhaltungen organisieren, mit klarem Blick Unterlagen sichten oder einen guten Anwalt vermitteln können waren solche Hilfen, außerdem Telefontermine vereinbaren oder einfach mal die Hand halten und einen begleiten bei den Behördengängen, die anstanden. Vor allem in der ersten Zeit ist ein guter Chauffeur, der sich im Verkehrsgewühl auf die Straßenverhältnisse konzentrieren kann, viel Wert bei den vielen Behördenwegen. Wenn gleichzeitig handwerkliche Veränderungen dringend notwendig sind und man selbst keine Kraft oder Muße hat, sind gute Freunde, die jederzeit mit anpacken, unersetzlich, um Projekte gemeinsam voranzubringen.

Begleitet hat mich körperlich, ich denke auch emotional in dieser Zeit mein damaliger Lebensgefährte. Ich konnte nach dem Tod meines Vaters nicht laufen, nicht sitzen, nicht liegen, nicht essen, nicht trinken, nicht schlafen, im Grunde genommen gar nichts. Ich habe mich dann oft auf die Wiese in den Garten gelegt. Er hat mich einfach auf den Arm genommen und mich dahin getragen, wo ich gerne hinwollte.

Der erste Todestag

Wir haben als Familie im Vorfeld viel darüber geredet, wie wir diesen Tag gestalten wollen. Es war uns ein Bedürfnis, zusammen zu sein. Gut fand ich, dass einige Freundinnen meiner Schwester immer mal angerufen hatten, und die haben wir gefragt, ob sie abends zum Essen kommen wollen. Wir sind nachmittags als Familie zusammen zum Friedhof gegangen. Danach haben wir uns mit der Clique meiner Schwester ge-

troffen, zusammen gegessen und über sie gesprochen. Nach dem Essen bin ich noch mal mit ihrem Freund zum Friedhof, wir sind über die Mauer geklettert und haben überall Kerzen aufgestellt, das hätte ihr gefallen.

Als am ersten Todestag meiner Schwester ein Blumenstrauß bei mir abgegeben wurde, habe ich das zunächst überhaupt nicht miteinander in Verbindung gebracht und hielt die Lieferung für ein Versehen. Bis dahin hatte ich in meiner Trauer wenig Aufmerksamkeit erhalten. Ich wurde oft nach meinen Eltern gefragt und es erkundigten sich viele Menschen nach dem Ehemann und der kleinen Tochter meiner Schwester. Auch wurde mir nach ihrem Tod nur ein einziger Brief geschrieben, den ich bis heute wie einen kostbaren Schatz hüte. Erst die Karte an dem wunderschönen Frühlingsstrauß ließ mich wissen, dass eine Freundin in der Ferne an mich gedacht hatte. Meine Freude und Rührung waren groß. Auch am zweiten und dritten Todestag erhielt ich diesen ermutigenden Gruß. Ich erinnere mich mit besonderem Dank daran.

Gedenktage

Wir waren über das erste Weihnachtsfest und Neujahr nicht zu Hause. Wir hielten es einfach nicht aus. Wir konnten C.s Grab kurz vor Weihnachten noch besuchen. Das war in Ordnung. Aber dass ihn niemand an seinem Geburtstag am 2. Januar besuchen würde, war eine entsetzliche Vorstellung für mich. Eine liebe Freundin versprach uns dann, dass sie mit ihrem Mann auf jeden Fall C. besucht. Sie riefen uns dann an und erzählten, dass sie eine Laterne dabei hatten. Es lag Schnee, und alles sah wunderschön aus. Auch gab es Rehspuren in der Nähe seines Baumes. Das war sehr beruhigend.

Freizeit

Ein Freund kam einfach zum Rasenmähen vorbei. Eine andere Freundin fand, ich müsste doch einmal zum Friseur. Sie vereinbarte mit meiner Friseurin einen Termin, den diese nach Feierabend legte, so dass ich alleine im Salon war. Eine wahnsinnige Erleichterung! Ich hätte das anders nicht ausgehalten. Das »Geschwätz« der Leute und das »normale« Leben. Wir hielten das noch einige Male so, und ich konnte mich also allmählich wieder an diese Besuche gewöhnen.

Feste und Feiern

Ich erinnere mich an das jährliche Grillfest in unserer Straße. Mein Mann war immer dabei gewesen und hatte alles mitorganisiert. Ich dachte, dass ich das unmöglich ohne ihn aushalten kann. Meine Tochter kam dann und sagte, wie sehr sich die Nachbarn freuen würden, wenn ich käme. Die Nachbarn haben nicht locker gelassen und meine Tochter ist jede Stunde raufgekommen und hat mich noch mal eingeladen. Zum Schluss bin ich doch hingegangen, nur für die letzte Stunde, aber es war gut, alle haben sich sehr gefreut. Ich habe gemerkt, dass ich mir das auch mal zutrauen muss und dann mache ich eine gute Erfahrung. Die Nachbarn sind mir wirklich immer eine große Hilfe gewesen.

»Am besten gehst du gleich zur Therapie!«

Trauerprozesse tun weh, aber sie sind keine Krankheit. Wann eine Begleitung oder Therapie sinnvoll ist, und was das für Freunde und Verwandte bedeutet

Nur sehr wenige Trauernde brauchen eine Psychotherapie, um ihren Trauerweg zu gehen! Ungefähr 85 % aller Trauernden bewältigen ihre Verluste allein und mit der Unterstützung ihrer Freunde und Angehörigen. Die übrigen 15 % brauchen darüber hinaus nicht alle eine Psychotherapie. Oft reicht eine Trauerbegleitung in Einzelgesprächen oder die Teilnahme an einer Trauergruppe. Der Vorschlag, dass Trauernde möglichst rasch eine Psychotherapie oder Beratung aufsuchen sollen, kann verschiedene Gründe haben.

Perfektes Trauern

Es kann sein, dass Sie als Freund oder Angehöriger die optimale Unterstützung für den trauernden Menschen organisieren wollen. Das ist ein sehr liebevoller Gedanke. Aber Trauerprozesse können nicht beschleunigt werden. Trauerbegleitung kann weder den Schmerz mindern noch den Verlauf des Trauerns leichter machen. Es ist ein wenig wie bei einer Schwangerschaft – der betroffene Mensch muss einen bestimmten Prozess durchlaufen. Das gelingt am besten, wenn er dabei von seinen bisherigen Freunden und seinen Familienangehörigen unterstützt wird. Die meisten Trauernden kommen mit dieser Hilfe aus und sind auch bald wieder in ihrem Alltag angekommen. Vertrauen Sie Ihren Angehörigen und Freunden, geben Sie ihnen Zuneigung und seien Sie geduldig mit ihrem Schmerz. Das ist hilfreicher als ein schneller Rat, zur Psychotherapie zu gehen.

Überforderung

Es kann sein, dass Sie sich überfordert fühlen mit dem Kummer und den Fragen, die im Trauerprozess auftreten. Vor allem, wenn Sie selbst um denselben Menschen trauern, kann ihre Geduld schnell überfordert sein. Dann ist eine Therapie in Ihren Augen eine gute Alternative, bei der der (andere) trauernde Mensch Unterstützung bekommt, auch wenn Sie selbst die nicht geben können oder wollen. Aus meiner Sicht funktioniert das nicht so gut, denn Therapie oder Beratung können die freundschaftliche Unterstützung nicht ersetzen. Ein zeitlich eng begrenztes Beratungsgespräch oder ein Gruppenabend alle zwei Wochen sind viel weniger Zeit, als Trauernde mit ihren Freunden, Kollegen und Familienangehörigen verbringen. Eine gute Freundin oder Schwester kann man stundenlang in Beschlag nehmen, sie auch mitten in der Nacht oder am Wochenende anrufen, man kann mit ihr Kaffeetrinken gehen oder gemeinsam die Todesanzeige formulieren. Mit einem Vertrauten aus alten Zeiten ist es möglich, Erinnerungen an den Verstorbenen auszutauschen; er weiß Geschichten beizusteuern, die der Trauernde selbst gar nicht kannte. All das kann ich als Trauerbegleiterin nicht bieten. Die Unterstützung im Alltag können nur die Menschen aus dem Alltag geben. Trauerbegleitung oder Therapie sind als Ergänzung dazu erst dann sinnvoll, wenn der Alltag durch den Trauerprozess so belastet ist, dass Arbeit und Familienleben dauerhaft nicht mehr funktionieren.

Sorgen

Es kann sein, dass Sie die Veränderungen Ihres trauernden Freundes oder Angehörigen unangenehm oder besorgniserregend finden. Dann möchten Sie, dass er so bald wie möglich wieder »der Alte ist«, und erhoffen sich das von einer Psychotherapie. Leider kann Ihre Hoffnung nicht erfüllt werden. Menschen verändern sich als Reaktion auf einschneidende Verluste. Das ist nicht aufzuhalten. Eine Begleitung oder Therapie kann dazu beitragen, dass diese Veränderung weniger in Richtung Verbitterung und

Hoffnungslosigkeit geht. Das können aber auch Sie als Freundin oder Familienangehörige. Stellen Sie sich einen kurzen Moment lang vor, wie es wäre, wenn Sie Ihren Partner oder Ihr Kind sterben sehen, und wie es für Sie wäre, mit diesem Erlebnis weiterzuleben. Es ist schwer, nach einem solchen Schicksalsschlag wieder Lebensmut zu fassen. Jedes freundliche Wort, jede einladende Geste und jeder verständnisvolle Blick tragen dazu bei, neues Vertrauen ins Leben zu fassen. *Eine* solche Geste ist vielleicht wie ein Tropfen auf den heißen Stein, aber Dutzende oder sogar Hunderte solcher kleinen Mutmacher stärken anhaltend. Betrachten Sie sich als jemanden, der mit kleinen Zeichen Mut zum Weiterleben macht.

Noch mehr Sorgen

Es lohnt sich auch ein kurzer Blick auf die Sorge, einen Freund zu verlieren. Es ist tatsächlich so, dass sich Menschen in Krisenzeiten manchmal so stark verändern, dass Freundschaften auseinandergehen und familiäre Bindungen auf eine harte Probe gestellt werden. Im schlimmsten Fall verschwinden die alten Gemeinsamkeiten und lassen sich neue Anknüpfungspunkte nicht finden. Das ist dann schmerzhaft für beide Seiten. Der trauernde Mensch verliert schon wieder jemanden; das kann ihn bitter werden lassen, enttäuscht und wenig bereit für ein klärendes Gespräch. Sie als Freund empfinden das meist als ungerecht oder übertrieben. Vielleicht haben Sie sich bemüht, Unterstützung und Trost zu geben, und fühlen sich jetzt abgelehnt. Vielleicht schämen Sie sich auch für Ihre Sprachlosigkeit und Ihre Ausweichmanöver. Irgendwann ist dann der Punkt, an dem man alles ansprechen könnte, verstrichen, und es bleibt eine neue Fremdheit.

Versuchen Sie, es nicht soweit kommen zu lassen, und denken Sie daran, dass Sie in der stärkeren Position sind. Ihr Leben ist nicht so durcheinander gewirbelt wie das Ihres trauernden Freundes. Versuchen Sie, sich Ihrer Stabilität bewusst zu sein und von dieser Basis aus immer wieder Angebote zu machen. Falls die Wege doch auseinandergehen sollten, vermeiden Sie Bitterkeit und bewahren Sie die guten gemeinsamen Zeiten im Gedächtnis. Und wer weiß – solange Sie beide noch leben, ist es nicht ausgeschlossen, dass Sie sich noch einmal annähern.

Was hilft wem?

Alle Angebote von Institutionen oder qualifizierten TrauerbegleiterInnen sind ein *zusätzliches* Angebot. Sie können nachbarschaftliche und freundschaftliche Unterstützung genauso wenig ersetzen wie die Hilfen innerhalb einer Familie. Im Idealfall hat ein Mensch mit in seinem Trauerprozess die andauernde Unterstützung seiner Familie und Freunde, das tatkräftige Wohlwollen seiner Nachbarschaft und dazu für einen begrenzten Zeitraum eine qualifizierte Trauerbegleitung.

Für alle zusätzlichen Unterstützungsangebote gilt:

- Der trauernde Mensch muss mit der zusätzlichen Unterstützung einverstanden sein. Jemand, der nur zur Trauerbegleitung oder Psychotherapie geht, weil andere ihn dazu drängen, wird nichts davon haben.
- Das unterstützende Angebot muss fachlich qualifiziert sein, es gibt Standards, nach denen ehrenamtliche und professionelle TrauerbegleiterInnen ausgebildet sein sollten. Ärzte und Psychotherapeuten lernen in ihren Berufsausbildungen relativ wenig über Trauer, sie sind nicht automatisch die besten Ansprechpartner für Trauernde.
- Die Chemie zwischen Berater und Trauerndem muss stimmen. Wenn jemand sich von seiner Trauerbegleiterin nicht verstanden fühlt, ist es besser, jemand anderen zu suchen.

Ehrenamtliche Trauerbegleitung

Leidet der trauernde Mensch vor allem unter Alleinsein und körperlichen Gebrechen, dann ist eine ehrenamtliche Trauerbegleitung hilfreich. Sie ist eine Art kostenloser Besuchsdienst in der Verantwortung einer größeren Organisation oder Kirchengemeinde. Hier werden die ehrenamtlichen MitarbeiterInnen geschult und können sich dort auch mit anderen Ehrenamtlichen und einer Koordinationskraft austauschen. Ehrenamtliche Trauerbegleitung ist zeitlich begrenzt auf ca. 10-15 Termine von ein bis zwei Stunden Dauer, bei denen Gespräche geführt werden, aber auch Aktivitäten wie Spaziergänge oder Friedhofsbesuche gemacht werden können.

Trauercafé

An vielen Orten finden ein- oder zweimal im Monat offene Angebote statt, bei denen es neben Kaffee und Kuchen auch die Gelegenheit zum Austausch mit anderen Trauernden gibt. Diese zwei- bis dreistündigen Treffen, zu denen man sich in der Regel nicht vorher anmelden muss, haben Namen wie »Lebenscafe«, »Cafe Lichtblick« oder schlicht »Trauercafe«. Sie ermöglichen ein paar Stunden unter anderen Menschen, die auch trauern. Hier muss sich niemand entschuldigen oder erklären, hier sind Lachen und Weinen gleichermaßen normal. Kurze Gesprächsanregungen durch Trauerbegleiterinnen stellen in vielen dieser Treffpunkte einen Rahmen für die Gespräche her. Die Caféatmosphäre tut all den Trauernden gut, die eine kleine zusätzliche Unterstützung und Ermutigung in ihrem Trauerprozess suchen. Die meisten Trauernden möchten in den ersten Monaten nach dem Todesfall keine neuen Menschen kennen lernen und besuchen Trauercafés oder Trauergruppen erst später. Für Trauernde, die erschreckende Todesumstände oder viele Verluste innerhalb kurzer Zeit bewältigen, ist das Trauercafé oft nicht das angemessene Angebot. Einzelgespräche geben ihnen mehr Raum für ihre besondere Situation.

Trauergruppe

Für eine Trauergruppe, auch Trauerseminar genannt, müssen sich Trauernde verbindlich anmelden, denn hier trifft sich in einem regelmäßigen Abstand von 2-4 Wochen eine feste Gruppe von trauernden Menschen, um ein Stück des Trauerweges gemeinsam zu gehen. Meist sind es ca. 8 Treffen in einem halben Jahr, häufig wird eine Gebühr erhoben. Unter der Anleitung von ein oder zwei qualifizierten Trauerbegleitern oder Trauerbegleiterinnen werden einzelne Themen des Trauerprozesses besprochen und oft auch mit einfachen Mitteln künstlerisch gestaltet. Da kann es um den Ausdruck von Gefühlen gehen, um den Umgang mit Erinnerungen oder die Planung der Zukunft. Aber auch der Umgang mit Träumen, die Kommunikation mit Familienmitgliedern und die eigenen Kraftquellen können Thema sein. Eine feste Trauergruppe ist sinnvoll für Trauernde, die sich eine fachliche Anregung für ihren Trauerprozess wünschen, gern in Gruppen arbeiten und genug Energie haben, um auch anderen zuzuhören. Das ist in der Regel frühestens 6 Monate nach dem Todesfall soweit.

Es gibt auch Selbsthilfegruppen, in denen sich Menschen zu bestimmten Trauersituationen untereinander austauschen können. Netzwerke für diese bundesweit existierenden Selbsthilfegruppen koordinieren die Vereine Verwaiste Eltern in Deutschland (VEID) e.V. und Angehörige um Suizid (AGUS) e.V.

Trauerberatung/Trauerbegleitung

Wie in anderen spezialisierten Beratungen, z.B. der Erziehungsberatung, werden hier Einzelgespräche über ein bestimmtes Thema geführt. Bei der Trauerbegleitung sind die Gesprächsthemen orientiert an all dem, was im Trauerprozess passiert und was ihn beeinflusst. Die Zahl der Gespräche ist meist auf zehn bis zwanzig beschränkt, sie dauern jeweils eine Stunde und finden ca. alle ein bis drei Wochen statt. In der Regel wird wie bei anderen Beratungen eine Gebühr erhoben oder um eine Spende gebeten. Solche Einzelbegleitungen sind hilfreich für Menschen, die mit erschwerenden Umständen in ihrer Trauer zu tun haben. Das können besonders unverständliche Todesarten sein (z.B. ein Suizid) oder solche, die erschreckende Phantasien hervorrufen (z.B. ein Unfall). Das können viele Verluste innerhalb kurzer Zeit sein oder der Verlust eines Menschen, ohne den man meint, nicht mehr weiterleben zu können (z.B. das eigene Kind, die Zwillingsschwester oder der über alles geliebte Partner). Wenn ein Trauernder sich das wünscht, kann solch eine Trauerberatung von Beginn des Trauerprozesses an unterstützend sein. Meist wird sie jedoch erst dann angefragt, wenn erschwerende Umstände die Alltagsgestaltung auch Monate und Jahre nach dem Todesfall prägen, z.B. durch Schlafstörungen, kreisende Gedanken und andauernde Hoffnungslosigkeit. Für manche Menschen ist eine Einzelbegleitung auch ein guter Weg, wenn sie Jahre nach dem eigentlichen Todesfall noch einmal zurückschauen und bestimmte Aspekte aufarbeiten möchten.

Die Krankenkassen übernehmen die Kosten für eine qualifizierte Trauerberatung leider noch nicht. Sie wird in der Regel selbst bezahlt.

Psychotherapie/Trauertherapie

Eine Psychotherapie ist für den Trauerprozess nur unter drei verschiedenen Umständen hilfreich:

- Wenn erschreckende Bilder aus der Krankheitszeit oder vom Sterben eines Menschen immer wieder auftauchen, besonders in entspannten Momenten. In den ersten Monaten nach dem Sterben ist das normal, aber wenn es länger als ein halbes Jahr dabei bleibt, dass diese Bilder unverändert bedrohlich ins Bewusstsein schießen, kann eine spezialisierte Therapieform hilfreich sein. Es handelt sich dabei um die *Traumatherapie*, die mit verschiedenen Verfahren dabei hilft, die belastenden Erinnerungen anders zu verarbeiten. Meist reichen einige Sitzungen, um die Dauerbelastung durch überfallartige erschreckende Erinnerungen zu mindern.
- Wenn der Alltag eines trauernden Menschen dauerhaft nicht mehr aufrechterhalten werden kann, weil Schlafstörungen,

Ängste, eigene Todessehnsucht, starke Nervosität oder völliges Gelähmtsein überwiegen. Dann ist die Trauer in eine *Depression* umgeschlagen und die braucht psychotherapeutische Unterstützung.

- Wenn der Trauerprozess andere Fragen und Probleme deutlich macht, die nicht unmittelbar mit dem Tod zu tun haben. Das ist meist die Aufarbeitung von Kindheitserlebnissen. Dazu ist eine längere Psychotherapie in Einzelgesprächen sinnvoll. Aber auch schon vor dem Tod bestehende Konflikte in der Beziehung oder am Arbeitsplatz können durch einen Todesfall verstärkt werden. Dann kann z.B. eine Paartherapie für die Beziehung oder ein Coaching für die berufliche Situation unterstützend sein.

Die gesetzlichen Krankenkassen übernehmen die Kosten für mindestens 25 Stunden psychotherapeutischer Einzelgespräche, Verlängerungen sind möglich. Dazu gehören die meisten Formen von Traumatherapie. Berufliches Coaching und Paartherapie werden selbst bezahlt.

Auch für Psychotherapeutinnen und Traumatherapeuten gilt: Erfahrung mit und Verständnis für Trauerprozesse sollten vorhanden sein. Und »die Chemie« muss stimmen.

Du erzählst mir gar nichts

Wenn ein trauerndes Familienmitglied oder ein guter Freund eines dieser Angebote in Anspruch nimmt, fragen Sie ihn bitte nicht ständig danach. Diese Zeit in einer Gruppe oder in Einzelgesprächen ist etwas Besonderes. Ich schlage Ihnen vor, sich einfach darüber zu freuen, dass es zusätzliche Unterstützung gibt und dass Sie etwas mehr Zeit für sich und Ihre Wünsche haben.

Manchmal werden Angehörige eifersüchtig, besonders wenn jemand sagt: »Dort finde ich so viel Verständnis wie nirgendwo sonst.« Tatsächlich können andere Trauernde oder eine Beraterin manches besser verstehen als Sie. Aber das ist doch nur ein Teil des Menschen, der in dieser Gruppe oder dem Beratungsgespräch so viel Verständnis findet. Es gibt sehr viele Bereiche und

Zeiten, die Sie mit Ihrer Angehörigen oder Freundin teilen, die den anderen Mitgliedern einer Trauergruppe verborgen bleiben. Vertrauen Sie darauf, dass Ihre Beziehung aus viel mehr besteht als aus Trauerunterstützung.

Tipp: Gönnen Sie Ihrem Freund oder Angehörigen die Momente der Nähe, die er im Zusammensein mit anderen Trauernden erleben kann, und die Anregungen, die er dort bzw. in einer Beratung bekommt. Nehmen Sie die Entlastung wahr, die durch diese zusätzliche Unterstützung entsteht. Und genießen Sie in Ihrer Beziehung einige zusätzliche Momente, in denen es um etwas anderes als um Trauerbewältigung gehen kann.

Erfahrungsbericht

Ich wusste, dass ich professionelle Hilfe und Unterstützung brauchen werde, und mein Partner ist meiner Bitte, mir dabei zu helfen, jemand Kompetenten in diesem Bereich zu finden, nach einigen Tagen Recherche zuverlässig nachgekommen. Die Begleitung durch meinen Trauerbegleiter über einen Zeitraum von anderthalb Jahren war für mich außerordentlich wichtig und hat mir so sehr geholfen weiterzugehen, nicht aufzugeben und zu verstehen, was passiert. Ich habe mich bei ihm zu jeder Zeit unterstützt und gut aufgehoben gefühlt und wüsste nicht, wie ich ohne heute dastehen würde.

»Du hast dich so verändert.«

Wie es ist, um die Freunde oder Angehörige zu trauern, die nach einem Verlust nicht mehr so sind wie zuvor

»Bald bist du wieder die Alte!« wird einer jungen Witwe kurz nach dem Tod ihres Mannes vielleicht gesagt. Es ist tröstlich gemeint. Es soll ihr vermitteln, dass der Tod ihres Mannes keinen Schaden anrichtet in ihrem Leben, sondern nur ein vorübergehendes Unglück ist.

»Früher warst du ganz anders«, heißt es dann einige Monate später, wenn der Trauerprozess sich nicht verhält wie ein Schnupfen, nicht mal wie eine eitrige Mandelentzündung. Er geht nicht einfach vorbei.

»Ich erkenne dich nicht wieder«, sagen wir selten, aber wir denken es, wenn ein Mensch ein großes Stück seines Trauerweges gegangen ist und dabei irgendwie anders geworden ist.

Veränderungen begegnen

Viele Trauernde ändern sich nur ein wenig nach einem Todesfall. Solche kleinen Veränderungen kennen wir alle von Freunden und Angehörigen, die umziehen, den Job wechseln oder eine neue Beziehung beginnen. Sie sind plötzlich selbstbewusster oder nachdenklicher, sie haben mehr Zeit oder weniger, sie entdecken neue Lieblingsbeschäftigungen und entwickeln neue Sorgen, ihr Tagesrhythmus und ihre Kontaktangebote ändern sich. Es kann sogar interessant sein, unbekannte Facetten am anderen zu entdecken oder sich von neuen Hobbys anstecken zu lassen. Aber es bleibt genug Vertrautes, »der gute Draht« zueinander, »dieselbe Wellenlänge« sind noch da. Ein bleibendes Grundverständnis und Grundvertrauen helfen, über Veränderungen hinweg den Kontakt anzupassen oder sogar zu vertiefen. Erst wenn dieses Grundverständnis verloren geht, wird es schwierig, in Kontakt zu bleiben. Trauernde verändern sich manchmal so stark, dass ihre Freunde und Angehörigen ihr Verständnis und auch ihr Vertrauen verlieren. Es kommt vor, dass die Wege sich dann trennen. Auch das ist normal, Veränderungen ziehen weitere Veränderungen nach sich. Aber viele Kontakte könnten aufrechterhalten werden und sich sogar vertiefen, wenn ein paar Dinge beachtet werden.

Geduld bewahren

Trauerprozesse brauchen Zeit! Sie sind nicht in einigen Wochen durchgestanden und oft nicht mal im berühmten ersten Trauerjahr. Stellen Sie keine unerreichbaren Forderungen an den Trauernden. Machen Sie sich nicht ständig Sorgen. Unterstützen Sie den Menschen auf seinem Trauerweg und konzentrieren Sie sich darauf, wie er den meistert. Tränen, Rückzüge, schlechte Laune, Verzweiflung und Ratlosigkeit sind normale menschliche Reaktionen, die in den allermeisten Fällen abwechselnd mit anderen Gefühlen auftreten. Bewahren Sie Geduld und Zuversicht. Warten Sie die Entwicklung ab. Trauer bedeutet permanente Veränderung über Monate und sogar einige Jahre hinweg.

Realismus entwickeln

Nachdem ein wichtiger Mensch gestorben ist, wird niemand mehr genau so, wie er vorher war. Das ist leicht einzusehen. Stellen Sie keine unerreichbaren Forderungen. Die Veränderungen sind vielleicht sogar bereichernd und interessant für Ihre Beziehung. Warten Sie in Ruhe ab.

Nehmen Sie nicht alles persönlich

Trauernde sind oft über einen langen Zeitraum hinweg dünnhäutig und leicht zu verletzen. Auf seltsame Art fühlt es sich wie eine Beleidigung an, dass wir mit unseren Bemühungen und Angeboten nicht in der Lage sind, jemanden aus seinem Kummer zu reißen. Wir sind frustriert, dass es uns nicht gelingt, die richtigen

Worte zu finden, die alles wiedergutmachen. Entwickeln Sie ein etwas dickeres Fell. Springen Sie über Ihren Schatten und bleiben Sie in Kontakt.

Das richtige Maß

Erinnern Sie sich an die Qualität ihres Kontakts *VOR* dem Todesfall. Wie nah und wie fern waren Sie sich da, wie oft haben Sie sich gesehen, worüber haben Sie gesprochen? Niemand verlangt von Ihnen, sich von der netten Bekannten in die allerbeste Freundin zu verwandeln, die Tag und Nacht tröstend zur Verfügung steht. Wenn Sie tatsächlich die beste Freundin waren, überprüfen Sie, wie Ihr Konzept von Freundschaft bisher ausgesehen hat. Verhalten Sie sich dementsprechend. Grenzenlose Angebote an Zuwendung verschieben die Grenzen einer Freundschaft und schaffen ein Ungleichgewicht von Geben und Nehmen, das auf Dauer jede Freundschaft zerstört. In familiären Beziehungen fällt es uns besonders schwer, ein Gleichgewicht zwischen Eigenständigkeit und gegenseitiger Fürsorge zu finden. Es ist ein ständiger Balanceakt zwischen dem tiefen Bedürfnis, die anderen Familienmitglieder nicht im Stich zu lassen und der Sehnsucht nach Zeit und Kraft für sich selbst. Das Bemühen um trauernde Familienangehörige kann dann sogar zur Aufgabe eigener Lebenspläne führen. Auf Dauer führt solch eine Selbstaufgabe unweigerlich zu tiefer Unzufriedenheit auf der einen Seite und starken Schuldgefühlen auf der anderen. Gestehen Sie sich Ihre eigenen Grenzen und Bedürfnisse zu, auch trauernden Familienangehörigen und Freunden gegenüber!

Echt bleiben

Erlauben Sie sich, Ihre eigenen Gefühle und Bedürfnisse wahrzunehmen. Sie müssen sich nicht in eine selbstlose Heilige verwandeln, um den Trauernden zu unterstützen. Spüren Sie, was sie geben möchten, nehmen Sie Ihre Ideen wahr und machen Sie diese Angebote. Wenn Sie sich müde und überfordert fühlen, gönnen Sie sich Pausen und Rückzug.

Trauern

Spüren Sie, was Sie vermissen. Spüren Sie es für sich allein oder sprechen Sie mit einem Dritten darüber. Es nützt nichts, dem trauernden Menschen mit Vorwürfen zu begegnen und das Alte einzufordern. Er kann es Ihnen im Moment nicht geben. Er kann Ihnen nicht mal versprechen, dass es in absehbarer Zeit »wieder wie früher« sein wird. Spüren Sie, dass Sie traurig und wütend sind, nehmen Sie wahr, wie hilflos Sie sich fühlen und wie gern Sie die »alten Zeiten« zurück hätten. Das ist ein Teil von Trauer: viele heftige, »unvernünftige« Gefühle und Stimmungen, die Sie nicht einfach abstellen können. Sie können diese Erfahrung vielleicht nutzen, um Ihren trauernden Freund oder Angehörigen besser zu verstehen.

Erfahrungsbericht

Eine Freundin, die ich seit fast dreißig Jahren kenne, mit der ich aber oft lange Pausen im Kontakt habe, bot mir an, wenn ich es denn wolle, mich zu besuchen. Da sie wusste, dass ich kaum noch etwas essen konnte, vereinbarten wir, dass wir auf jeden Fall zusammen essen. Sie war so einfühlsam, dass sie es mir überließ, ob wir außerhalb essen oder bei mir zu Hause kochen, auch wenn ich das vorher einfach nicht einschätzen konnte. Als sie kam, hatte sie alle Zutaten für ein feines Essen dabei und ließ keinen Zweifel daran, dass wir den Abend so gestalten, wie es für mich gut ist, ob sie nun bei mir für uns kocht oder wir nach draußen gehen. Sie hat für mich gekocht und tatkräftig angepackt und mir immer das Gefühl gegeben, dass es völlig in Ordnung ist, dass ich die einfachsten Dinge nicht »auf die Reihe« kriege, dass ich nicht verrückt bin und sie für den Moment einfach für mich da ist. Am Ende saßen wir bis fünf Uhr morgens in meiner Küche. Sie hat mir zugehört, mich in meiner Trauer ertragen, wir haben erzählt, geweint, gelacht und alles war in Ordnung so, wie es war. Sie hat mir als langjährige Freundin auch viel Rückmeldung darüber gegeben, was sie an mir schätzt, wie sie mich erlebt als Frau, Mutter, Freundin und wir haben über unsere Kinder und das Geschehene geredet. Wenn sie mich etwas fragte, worauf ich keine Antwort geben konnte oder wollte, hat sie das ohne eine Missstimmung akzeptiert. Diese Begegnung war so wohltuend, weil die akute Situation ihren Platz hatte, aber auch unsere Freundschaft, die schon so viel erlebt hatte und zu der so viel mehr gehört, so präsent war – irgendwie »normal«.

»Du bist doch noch viel zu klein ...«

Mythos und Wirklichkeit der Trauer von Kindern und Jugendlichen. Möglichkeiten einer altersgerechten Unterstützung für die ganze Familie

Wir wünschen unseren Kindern eine sorglose Kindheit fern von Gewalt, Armut, Krankheit und Tod. Aber es ist unmöglich, sie vor allem zu beschützen. Wenn ein Geschwisterkind oder ein Elternteil gestorben ist, kann das nicht rückgängig oder »weniger schlimm« gemacht werden. Gut gemeinte Versuche, den Kindern die Tatsachen zu ersparen, sie nicht mit der Beerdigung zu belasten oder ihnen erst gar nichts von dem Verstorbenen zu erzählen, bewirken leider das Gegenteil.
Kindergarten- und Grundschulkinder fürchten sich vor dem Alleingelassenwerden viel mehr als vor dem für sie abstrakten Sterben. Kinder, die sich auch angesichts eines Verlustes sicher fühlen, sind die besten Lehrmeister für einen unverkrampften Umgang mit Tod und Trauer.

Ohne Worte

Mit Kindern über Tod und Trauer zu sprechen, ist nicht nur eine Sache der Worte. Kindern teilt sich vieles über Gesten, Blicke und Handlungen mit. Über ihre Gefühle können sie noch kaum sprechen, aber sie drücken sie unmittelbar aus. Ihre Wut auf das Alleingelassensein und all die Veränderungen im Alltag zeigen sie in Geschrei und im Kaputtmachen von Dingen. Ihre Angst vor dem Alleinsein und davor, dass noch mehr geschehen könnte, äußert sich in Schlafproblemen, Ängsten vor dem Rausgehen und »Klammerei«, manchmal sogar durch Bettnässen. Ihr Bedürfnis nach Sicherheit und Trost zeigen sie mit jedem Ankuscheln. Ihr Wunsch, dass nichts mehr passieren soll, kann sich in besonders folgsamem und heiterem Verhalten ausdrücken. Kinder drücken die vielen Gefühle, die sie noch gar nicht genau auseinanderhalten können, oft unbewusst über den Körper aus. Dann bekommen sie Kopfschmerzen und Bauchweh, der Schmerz ihrer Kinderseele zeigt sich an ihrem Körper.

Das ist kein Grund, panisch zu werden, denn das verwirrte, ängstliche und trauernde Kind teilt sich mit und wartet auf eine Antwort. Diese Antwort kann am besten ruhig und ohne Vorwürfe gegeben werden. Jenseits der Worte sind das Angebote an Wärme, körperlichen Halt und gemeinsame Zeit. Am nötigsten brauchen Kinder das alles von ihren Eltern und Geschwistern. Doch sind Eltern nach dem Tod eines ihrer Kinder oft so betäubt oder überwältigt von Schmerz, dass die lebenden Kinder eventuell eine Zeitlang weniger Aufmerksamkeit erhalten, als sie brauchen. Die Eltern deswegen anzugreifen ist nutzlos. Vorwürfe und Aggressionen schwächen sie zusätzlich, und es bleibt noch weniger für die lebenden Kinder übrig. Denken Sie um und stützen Sie die verzweifelten Eltern. Alles, was trauernden Eltern gut tut, kommt auch ihren lebenden Kindern zugute!

Wenn die Kinder Sie bereits gut kennen und Ihnen vertrauen, weil Sie z.B. Großeltern, Paten oder enge Freunde der Familie sind, dann können Sie den Kindern direkt Trost und Nähe anbieten und einen Teil der elterlichen Fürsorge übernehmen. Bitte tun Sie das sehr vorsichtig, um die Kinder nicht zusätzlich in einen Loyalitätskonflikt zu verwickeln. Egal, wie eng Sie in das Familiensystem eingebunden sind, vermitteln Sie den Kindern möglichst viel Akzeptanz – auch für das Verhalten ihrer Eltern. Das ist nützlicher als Streit mit den Eltern über »die richtige Art zu trauern« oder Vorwürfe, wenn die Eltern in ihrer Trauer gefangen sind und wenig Energie für die lebenden Kinder übrig haben. Denken Sie daran, dass für Kinder Stabilität und ein Gefühl von Zuverlässigkeit wichtiger sind, als dass Erwachsene alles richtig machen.

Kindgerechte Worte und Bilder

Erst wenn der Alltag sicher ist, kommen Stück für Stück sehr viele Fragen: wie und wo jemand gestorben ist und woran. Wieso Menschen sterben, ob das allen Menschen passiert, was Tod überhaupt ist. Ob es einen Himmel gibt, ob der Verstorbene uns sehen kann, wieso ein Kreuz auf dem Grab steht, warum Oma immer weint usw. Je nach Lebensalter sind die Fragen unterschiedlich und auch die Fähigkeit, Antworten zu verstehen, wächst mit.

- *Babys* verstehen noch nicht, was Sterben ist, aber sie nehmen die Gefühle ihrer Umwelt deutlich wahr und brauchen beruhigende Zuwendung. Sie nehmen auch wahr, wenn ihre Bezugspersonen sich verkrampfen, um ihnen ein Glück vorzuspielen, das nicht mehr da ist. Es ist sinnvoller, wenn trauernde Erwachsene dem heranwachsenden Menschenkind durch ihr Beispiel zeigen, dass auch Krisen und intensive Gefühle aushaltbar sind.
- *Kindergartenkinder* reagieren auf das, was sie direkt sehen und hören. Sie lernen etwas darüber, was »Tod« bedeutet, wenn sie die kalten Hände der aufgebahrten Oma berühren können. Die Erwachsenen müssen ihnen durch deutliche Sprache nahebringen, dass »tot« nicht dasselbe ist wie »schlafen« oder »heimgehen«. Kindergartenkinder sind sehr offen für phantasievolle Vorstellungen. Sie glauben an manche Märchen- und Bilderbuchfiguren, und bildliche Vorstellungen von einem »Himmel«, in dem die Verstorbenen auf sie heruntersehen oder als Schutzengel über sie wachen, kommen ihnen selbstverständlich vor. Bilderbücher, die mit einem Erwachsenen zusammen angesehen werden, und auch das Nachspielen von Krankheits- und Sterbesituationen sind der Weg, wie Kindergartenkinder etwas begreifen (Tipps, welche Bücher sich eignen, finden Sie auf Seite 99f.). Auch kleine Rituale und Grabbesuche, bei denen sie etwas mitgestalten dürfen, gefallen ihnen gut. Die Teilnahme an der Beerdigung und

das persönliche Abschiednehmen sind für sie eher hilfreich als schädlich – solange sie denn das tun möchten und zuverlässige Erwachsene sie begleiten. (Mehr zum Thema Abschiednehmen finden Sie ab S. 26.)

- *Grundschulkinder* gehen mit nicht endendem Interesse durch die Welt. Sie wollen wissen »Warum ist die Banane krumm?« und natürlich auch, warum und wie Menschen sterben. Begriffe wie »Gehirnschlag« regen ihr Nachdenken an, »Krebs« als Krankheitsbezeichnung kann für sie ein verwirrender Begriff sein, weil er eigentlich ein Tier bezeichnet. Es interessiert sie, wie jemand aussieht, der gestorben ist, welche Verletzungen jemand nach einem Unfall hatte, und wie weit die Würmer schon sind da unten im Grab. Es tut ihnen gut, wenn ihre Fragen in einfachen Sätzen und verständlicher Sprache beantwortet werden. Bei Themen, von denen Sie als Erwachsener befürchten, sie könnten das Kind überfordern, hat sich eine Taktik der kleinen Schritte bewährt (das kennen Sie von anderen »heiklen« Themen, vielleicht in der Sexualaufklärung). Geben Sie erst eine allgemeine Information zur gestellten Frage; wenn das Kind weiterfragt, werden Sie etwas genauer und so fort. Kinder schützen sich vor überfordernden Informationen und fragen nicht weiter, oder gehen sogar weg, wenn ihnen etwas zu viel wird. Wenn das Kind zu einem anderen Zeitpunkt neu fragt, beginnen Sie wieder mit einer allgemeinen Information und warten ab, wie weit das Kind dieses Mal gehen möchte. Auch Grundschulkinder profitieren von Bilderbüchern zum Thema, vor allem wenn Erwachsene diese Bücher mit ihnen gemeinsam ansehen und die aufkommenden Fragen beantworten (Tipps, welche Bücher sich eignen, finden Sie auf Seite 99f.) Das Nachspielen von Krankheits- und Sterbesituationen setzt sich fort und mischt sich je nach Todesart mit Szenen, die die Kinder in den Medien gesehen haben. Erwachsene sollten diese Spiele nicht verbieten oder abwertend kommentieren! Erklären Sie gegebenenfalls, dass das reale Sterben etwas anderes ist als der inszenierte Tod in

Fernsehen oder Videospiel. Beobachten Sie, ob gewaltsame Szenen immer wieder durchgespielt werden, und sprechen Sie erst dann das Kind selbst oder seine Eltern darauf an.

- *Jugendliche* interessieren sich für Sterblichkeit auch als allgemeines, sie selbst betreffendes Thema. Philosophie, Religion und Spiritualität werden interessant mit ihren Aussagen zu Tod und Sterben. Ängste vor der eigenen Sterblichkeit entstehen, der Tod wird aber auch als faszinierend wahrgenommen, als eine Grenzerfahrung, die zu den anderen Grenzerfahrungen der Pubertät gehört. Popsongs, Jugendbücher und Mangas sprechen die Sprache, in der Jugendliche sich über Tod und Trauer austauschen. Trotzdem brauchen sie wie ihre jüngeren Geschwister grundlegende Sicherheit im Alltag und durch ihre Bezugspersonen. Auch wenn es mit 14 oder 16 nicht mehr so üblich ist, sich von einem Erwachsenen tröstend in den Arm nehmen zu lassen, manchmal tut das auch einem Heranwachsenden gut.

Alltag geht vor

Die Aufrechterhaltung des Kinder- und Familienalltags ist die Voraussetzung für eine weitere Beschäftigung mit dem Tod. Ein Kinderpsychologe sagte zu mir: »Was soll ein Kind mit einem Gespräch über den Tod anfangen, solange es nicht weiß, woher sein Mittagessen kommen wird?« Kinder und Jugendliche brauchen Zuwendung, Stabilität und Normalität. Ihr Sicherheitsgefühl entsteht durch zuverlässigen Kontakt und durch die Einhaltung von Routinen: z.B. jeden Tag ein Kuss und ein Nasenstüber vor dem Weg zum Schulbus, jeden Sonntag eine halbe Stunde Kuscheln im Elternbett vor dem Aufstehen. Wenn ein Elternteil gestorben ist, kann ein anderer Erwachsener manche dieser vertrauten ritualisierten Alltagshandlungen übernehmen und dem Kind damit signalisieren, dass ein Teil des Lebens noch sicher und vertraut ist. Am Beispiel oben ist das Morgenritual vor dem Aufbruch in die Schule auch durch eine Nachbarin, den großen Bruder oder den überlebenden Elternteil machbar. Das Sonntagskuscheln im

Elternbett kann jedoch nur der überlebende Elternteil anbieten. Als Freundin oder Nachbar können Sie bei der Aufrechterhaltung des Familienalltags Unterstützung geben. Kleine, alltägliche Dinge sind dabei nützlicher als große kostspielige Angebote. Sie möchten die trauernde Familie nicht beschämen, sondern sie unterstützen!
In Absprache mit den Familienangehörigen können z.B. Patentanten, Eltern des besten Freundes oder langjährige Nachbarinnen eine große Hilfe bei der Gestaltung des Kinder- und Familienalltags sein. Jemand, der das Abholen vom Fußball übernimmt, der regelmäßig auf die Kinder aufpasst oder bei den Hausaufgaben hilft, ist Gold wert in Trauerzeiten.

Tipp:

Überlegen Sie, wozu Sie Zeit und Lust haben:

- Was könnten Sie anbieten, um die Erwachsenen zu entlasten?
- Was könnten Sie anbieten, was den Kindern Freude macht?

Erfahrungsbericht

Ein paar Monate nach dem Tod meines Mannes wollte mein Sohn unbedingt zu einem besonderen Trainingswochenende seines Handballvereins. Es war für die Jungs mit ihren Vätern. Ich habe gesagt, dass das nicht möglich ist, aber die anderen Mütter haben sich zusammengetan und überlegt, wie es gehen kann. Eine hat ihren Mann angesprochen, ob er sich nicht auch um E. kümmern kann und der hat sofort zugesagt. Als dann noch der Trainer dafür war und der Verein sogar alle Kosten für E. übernommen hat, konnte ich nicht mehr »Nein« sagen. Zum Glück. Es war ein tolles Wochenende, und das Ganze hat den Verein und auch die Eltern der Kinder enger zusammengebracht und uns alle sehr gestärkt.

Kernfamilie geht vor

Manche Kinder sind vater- und mutterlos, bevor sie erwachsen sind. Vielleicht ist die Mutter eines Jungen bei seiner Geburt gestorben und sein Vater zehn Jahre später bei einem Verkehrsunfall. Oder der Vater eines Mädchens hat sich das Leben genommen, als sie drei Jahre alt war, und ihre Mutter stirbt vierzehn Jahre später an einer Krebserkrankung. Dann kommen die Kinder in die Obhut von Wohnheimen oder Pflegeeltern und sind angewiesen auf die Zuneigung und Liebe von zunächst unvertrauten Menschen. Die meisten trauernden Kinder haben aber einen Rest ihrer langjährig vertrauten Kernfamilie. Das können die Großeltern oder neuen Lebenspartner der Verstorbenen sein. Meist sind es wenigstens ein (leiblicher) Elternteil und die lebenden Geschwister. Alle diese trauernden Familien leisten Schwerstarbeit, um sich an die veränderte Lebenssituation anzupassen. Jedes einzelne Familienmitglied stellt die eigenen Bedürfnisse so weit wie möglich zurück, um die anderen zu schonen. Jeder für sich und alle gemeinsam bemühen sich mit allen Kräften, diese Familie weiterbestehen zu lassen. Sie möchten um jeden Preis verhindern, noch ein Familienmitglied oder den gesamten Familienzusammenhalt zu verlieren. Außenstehende sehen diese große Anstrengung in der Regel nicht, sie konzentrieren ihren Blick vielmehr darauf, was sich Eltern und Geschwister gegenseitig zumuten oder vorenthalten.

Tipp:

- Versuchen Sie, das Bedürfnis nach Zusammenhalt zu akzeptieren.
- Richten Sie Ihren Blick und Ihr Mitgefühl auf die gesamte Familie und nicht nur auf ein einzelnes Kind.
- Akzeptieren Sie die Erziehungsgewalt des Elternteils oder Elternpaares, wie Sie es sonst auch tun. Also sprechen Sie bitte Kinder nicht auf Einzelheiten eines Todes an, wenn die Eltern das ausdrücklich verboten haben.
- Zeigen Sie Sympathie und Anerkennung für alle Mitglieder einer trauernden Familie, auch wenn sie dort mit Emotionen und Reaktionen konfrontiert sind, die Sie selbst noch nicht erlebt haben. Worte, Angebote und Gesten, die den Verdacht erwecken, sie könnten Mitleid oder Bevormundungen ausdrücken, werden von trauernden Familien abgelehnt. (Mehr zum Thema Mitgefühl statt Mitleid finden Sie auf S. 52ff.)
- Versuchen Sie nicht, die »besseren Erwachsenen« zu sein, wenn Eltern oder erwachsene Geschwister in ihrer Trauer wenig für die jüngeren Kinder der trauernden Familie da sein können. Damit bringen Sie die Kinder in einen starken Loyalitätskonflikt. Es ist ein größeres Geschenk an diese Kinder, wenn Sie in Ihrer Rolle als z.B. Oma oder Patenonkel bleiben und mit allem, was Sie in dieser Rolle auch zuvor getan haben, einfach weiter da sind.

Bin ich schuld an Papas Tod?

Kinder glauben schnell, dass ihr Verhalten die Ursache für den Tod eines vertrauten Menschen sei. In ihrem »magisch« genannten Denken können sie die ganze Welt beeinflussen, sogar das Weiterleben oder Sterben.

Unabhängig von der Todesursache ist es wichtig, Kindern zu versichern:

- Dass sie nicht schuld am Tod des Elternteils oder Geschwisterkinds sind.
- Dass es nicht möglich ist, jemanden tot zu wünschen oder durch neidische und wütende Gedanken zu seinem Sterben beizutragen.

Nach einem Suizid oder beim Tod eines Familienmitglieds, das suchtkrank, psychisch gestört oder gewalttätig war, ist es besonders wichtig, diese Zusicherungen zu machen. Wenn viele belastende Erinnerungen an das verstorbene Familienmitglied da sind, existieren längst Schuldgefühle, demjenigen nicht genug geholfen zu haben oder schon immer Ursache seines Verhaltens gewesen zu sein. Der Tod kann diese Selbstbezichtigungen, aber auch Vorwürfe untereinander noch vertiefen. Erwachsene lassen sich in diese Schuldkreisläufe nicht hineinreden, aber Kinder sind noch offen für eine klare Aussage, die ihnen die Verantwortung für das Geschehen nimmt. Es reicht aber nicht zu sagen: »Du bist nicht schuld«; im Anschluss daran braucht das Kind eine andere Idee, wie es das Geschehen einordnen könnte. Das kann z.B. die Erklärung eines Krankheitsbildes sein oder der Hinweis auf die Eigenverantwortung des Menschen, der gestorben ist. Auf der rationalen Ebene ist das für Kinder sehr hilfreich, aber das Ausmaß der Orientierungslosigkeit und auch Einsamkeit nach dem Tod eines Familienmitglieds kann so groß sein, dass der Griff zu Schuldvorwürfen als Erklärung immer wieder naheliegt.

Solange Kinder meinen, dass sie durch ihr Verhalten, ihre Gedanken und Wünsche oder einfach durch ihr Dasein am Tod eines Familienmitglieds mitgewirkt haben, werden sie deswegen ein schlechtes Gewissen haben. So ein schlechtes Gewissen mindert das Selbstwertgefühl und führt zu Rückzug. Abfällige Bemerkungen oder Zurücksetzungen vertiefen diese Tendenzen. Achten Sie darauf, trauernden Kindern immer wieder positiv und stärkend zu begegnen; es kann sein, dass sie noch mehr Lob und Ermunterung brauchen als andere Kinder.

Kindern tun auch diese Versicherungen gut:

- Dass der Verstorbene sein Kind/sein Geschwisterkind geliebt hat.
- Dass der Verstorbene seinem Kind/Geschwisterkind nur das Beste für sein Weiterleben wünscht.
- Dass das Kind den Verstorbenen geliebt hat und er das genau wusste.

Die Zusicherung, dass der Verstorbene das Kind geliebt hat, ist sehr wichtig für den weiteren Lebensweg. Sie beugt dem schlechten Gewissen vor, von dem ich oben gesprochen habe – wenn Bruder oder Mutter das Kind bis zum Tod sehr geliebt haben, ist es sehr wahrscheinlich, dass sie ihm keine Mitschuld am eigenen Sterben vorwerfen. Ohne diese »Mitschuld« braucht das Kind kein quälendes schlechtes Gewissen zu haben, und es muss auch weder die Rache der Verstorbenen fürchten, noch sein Leben lang etwas abbüßen, was nur in seiner Phantasie existiert.

Die Zusicherung von positiven Gefühlen und Zukunftswünschen sind gleichzeitig ein wichtiges Stück des »Erbes«, das ein Kind von seinen Eltern oder Geschwistern mitnimmt. Ein Kind erlebt es als Stärkung, wenn es sich den verstorbenen Elternteil oder das verstorbene Geschwisterkind als positive, unterstützende Kraft vorstellen kann.

Dazu braucht ein Kind auch die Gewissheit, dass der verstorbene Vater oder die tote Schwester sich von ihm geliebt gefühlt hat. Schuldgefühle können entstehen, wenn ein Kind meint, es habe zu wenig gesagt und gezeigt, was der Elternteil oder das Geschwisterkind ihm bedeuten. Erinnern Sie sich mit dem Kind zusammen an Situationen, in denen es dem Verstorbenen etwas Besonderes geschenkt oder etwas Schönes gesagt hat. Verstärken Sie die Erinnerung an positive Reaktionen des Verstorbenen auf diese Aufmerksamkeiten.

✗ Bitte vermeiden Sie:

- »Der Papa hat den Weg frei gemacht, damit ihr ohne ihn ein besseres Leben habt!«
  - Nach einem Suizid wird so etwas manchmal gesagt, um die Familie zu trösten. Für ein Kind hat das aber schwere Konsequenzen. Das Lebensglück seiner Familie wird abhängig gemacht vom Tod eines Familienmitglieds. Hier besteht die Gefahr, dass bei jedem zukünftigen Glücksgefühl ein tief sitzendes schlechtes Gewissen entsteht und sich sogar Zukunftsängste entwickeln, dass eigenes Glück und der Tod eines anderen untrennbar verbunden sind. Niemand möchte sein eigenes Glück auf dem Unglück oder Tod eines anderen aufbauen!
- »Ohne eure Mutter seid ihr viel besser dran.«
  - Menschen, die drogen- oder alkoholabhängig waren, spielsüchtig oder gewalttätig, gelten als »schlechte Eltern« und auch als »schlechte Geschwister«. Es fällt leicht, sie abzuwerten. Es liegt nahe zu glauben, dass die ganze Familie und besonders die Kinder durch ihren Tod von einer Last befreit sind. Das ist aber nur die halbe Wahrheit. Kinder lieben ihre Eltern und Geschwister, unabhängig von deren Schwächen. Im Leben und auch im Tod möchten Kinder sich mit ihren Angehörigen verbunden fühlen. Das sind die Menschen, zu denen sie gehören, jede Abwertung der Eltern und Geschwister erleben sie als Abwertung ihrer eigenen Existenz.
  - Akzeptieren Sie das innere Zugehörigkeitsgefühl von Kindern ihren Familienangehörigen gegenüber. Versuchen Sie nicht, Ihnen eine schlechte Meinung vom Verstorbenen einzureden. Gehen Sie davon aus, dass das Kind genug eigene schwere Erfahrungen mit dem Verstorbenen gemacht hat, aber trotzdem einen Weg sucht, sich verbunden zu fühlen. Unterstützen Sie die Suche des Kindes nach Verbindungen zum Verstorbenen, indem Sie angenehme

und bereichernde Erinnerungen suchen. Erst wenn die gefunden sind, ist es möglich, auch schwierige Beziehungserfahrungen zu benennen und sich davon abzugrenzen.

- »Dein Bruder hätte das nicht getan.« » Wenn deine Schwester noch da wäre, wäre das nicht passiert.«
    - Geschwister teilen sich ihr Leben lang die Aufmerksamkeit und Zuwendung ihrer Eltern. Sie teilen sich auch die Forderungen ihrer Eltern. Dabei entstehen Rollen wie »Mamas oder Papas Liebling«, der »Überflieger, der immer alles richtig macht und schafft«, aber auch das »Sorgenkind« und das »Schwarze Schaf«, oder »der, der irgendwie immer da war, aber nie besonders beachtet wurde«. »Schattenkinder« nennt die Wissenschaft die Kinder, die neben schwerkranken Geschwistern oder nach deren Tod aufwachsen. Diese lebendigen Geschwister von verstorbenen Familienmitgliedern können das verstorbene Kind nicht ersetzen. Sie wissen selbst, was der Verstorbene besser konnte als sie selbst, aber sie können das nicht ändern. Sie brauchen Aufmerksamkeit und Zuwendung für ihre Einzigartigkeit. Abwertende Vergleiche mit den Verstorbenen sind verletzend für sie. Zusätzlich zu ihrer eigenen Trauer müssen sie dann auch noch das erniedrigende Gefühl verarbeiten, es wäre besser gewesen, sie wären gestorben und nicht das Geschwisterkind.

Tipp: Haben Sie Erinnerungen, in denen der Verstorbene über sein Verhältnis zum Kind gesprochen hat? Erzählen Sie dem trauernden Kind davon: »Die Mama hat so oft zu mir gesagt, dass du die beste Tochter bist, die sie sich vorstellen kann«, »Dein Bruder war sehr stolz auf dich – als deine Mannschaft damals das Turnier gewonnen hat, hat er wochenlang überall mit dir angegeben.«

Erwachsene sind oft irritiert darüber, dass Kinder und Jugendliche in anderen Intervallen trauern als sie selbst. Während erwachsene Menschen sich viele Stunden, sogar Tage lang in einem intensiven Trauergefühl aufhalten können, begeben sich Kindergarten- und Schulkinder nur auf Stippvisiten in Gefühle und Gedanken ihres Trauerprozesses. Sie können intensiv weinen und kurz darauf wieder fröhlich mit ihrem Kaufladen spielen. Sie können unvorbereitet Fragen nach dem Tod stellen und genauso plötzlich dieses Gespräch wieder beenden. Auf der Beerdigung versuchen sie, mit einem Eichhörnchen zu spielen, und sie fordern auch unverblümt: »Hörst du jetzt mal auf zu weinen!« Ein oft benutztes Bild für die Unterschiede zwischen der Trauer von Kindern und Erwachsenen sagt, dass Erwachsene in einem See von Trauer schwimmen, während Kinder in Trauerpfützen hinein- und wieder herausspringen. Sie brauchen immer wieder den festen Boden des Alltags und der unveränderten Lebensteile, bevor sie sich für kurze Zeit wieder auf die schwierigen Themen Sterblichkeit, Verlassensein und Umwälzungen in der Familienstruktur begeben können.

Unter der Oberfläche dieser spielerisch erscheinenden Beschäftigung mit Tod und Trauer sind Kinder diejenigen, deren Leben am stärksten vom Tod eines Familienmitglieds geprägt wird. Tiefe Trauergefühle und einschneidende Umwälzungen im Familiensystem gehören zu den Grunderfahrungen ihres Heranwachsens wie Weihnachtsfeste und Strandurlaube. Sie wachsen mit einem verstorbenen Elternteil oder Geschwisterkind auf und integrieren sie in ihr Erwachsenwerden. Sie ziehen ihre eigenen Schlüsse aus dem Vorkommen des Todes und den Reaktionen ihrer Familie darauf. Falls Ihnen das Angst macht, weil Sie sich nur negative Folgen vorstellen können – das ist nicht so. Trauernde Kinder und Jugendliche werden zu Erwachsenen, die in der Regel mitfühlender und für ihre Umwelt engagierter sind als andere Menschen. Sie sind oft auch verletzlicher und haben verständlicherweise mehr Angst vor Verlust und Scheitern. Aber wenn sie gute Erfahrungen mit unterstützenden Freunden und Verwandten gemacht haben, sind sie auch geübt darin, um Hilfe zu bitten, und das ist eine Fähigkeit, die das Weiterleben sehr erleichtert und sogar bereichert.

Tipp: Lassen Sie Kindern ihren Rhythmus bei der Annäherung an Gefühle und Gedanken zum Tod eines Familienmitglieds. Bieten Sie in dem Rahmen Ihrer Rolle vor allem Stabilität und Alltag an. Seien Sie offen für Fragen, aber setzen Sie die Kinder nicht unter Druck. Versuchen Sie, dem Kind zu vertrauen.

Tipp für Familienangehörige: Rechnen Sie damit, dass Kinder im Laufe des Älterwerdens in jedem Lebensalter neue Fragen in Bezug auf den Verstorbene haben. Ein Teenager wird sieben Jahre nach dem Tod der Mutter etwas anderes über sie wissen wollen als das sechsjährige Mädchen zum Zeitpunkt des Sterbens. Beantworten Sie Fragen geduldig, halten Sie Fotoalben oder Erinnerungsgegenstände bereit. Machen Sie Kindern und Jugendlichen bitte niemals Vorwürfe, dass sie »erst jetzt« oder »immer noch« fragen! Sie stellen ihre Fragen, wenn es für sie möglich und notwendig ist, das ist kein Fehler.

Zum Weiterlesen

Mechthild Schroeter-Rupieper: Für immer anders – Das Hausbuch für Familien in Zeiten der Trauer und des Abschieds. *In diesem Buch finden Sie anschauliche Gestaltungsmöglichkeiten für Trauer im Familienalltag mit Kindern und Jugendlichen.*

Margit Franz: Tabuthema Trauerarbeit: Kinder begleiten bei Abschied, Verlust und Tod. *Dieses Buch regt zur Auseinandersetzung mit den eigenen Vorbehalten in Sachen Trauer an und gibt gut verständliche Basisinformationen zu Kindertrauer und ihrer Begleitung.*
Petra Hinderer und Martina Kroth: Kinder bei Tod und Trauer begleiten: Konkrete Hilfestellungen in Trauersituationen für Kindergarten, Grundschule und zu Hause. *Dieses Buch ist genau das, was der Titel verspricht, praxisnah und gut verständlich.*

Bilderbücher

Kinder verstehen Tod und Trauer auch über Bilder und Geschichten. Hier sind drei bewährte Bilderbücher, die mit Kindern gemeinsam betrachtet werden sollten.
Susanne Varley: Leb wohl lieber Dachs. *Hier erinnern sich die Tiere an ihren Freund, den Dachs und zeigen, wie durch Erinnerungen etwas in uns weiterlebt, auch wenn jemand gestorben ist.*
Ulf Nilsson: Adieu, Herr Muffin. *Eine bezaubernde Geschichte über einen alten kranken Hamster und die Familie, bei der er lebt und stirbt. Mit einer Portion Humor und ganz viel Liebe erzählt und gezeichnet.*
Amelie Fried: Hat Opa einen Anzug an? *In diesem Buch werden die kindlichen Fragen beim Wort genommen. Wunderbar, um mit Kindern ins Gespräch zu kommen.*

Teenagertrauer

Der Übergang zwischen Kindheit und Erwachsensein dauert mehrere Jahre und jeder heranwachsende Mensch hat darin sein ganz eigenes Tempo. Je älter ein Kind wird, desto mehr orientiert es sich an Altersgenossen und Autoritätspersonen außerhalb der eigenen Familie. Diese »Peergruppen« spielen deshalb in der Verlustbewältigung eine große Rolle. Mitschüler, Sportfreunde und Mitglieder der Clique sind für trauernde Jugendliche genauso wichtig wie ihre Familienmitglieder.

Teenager erleben die Achterbahnfahrt ihres Trauerprozesses bewusster als ihre jüngeren Geschwister; sie hinterfragen ihre eigenen Reaktionen und fällen Urteile über das, was sie an Trauerreaktionen bei anderen sehen. Ihre Kritik an anderen Familienmitgliedern kann aggressiv und vernichtend sein – wie es in diesem Alter auch bei anderen Themen üblich ist. Sie erleben schmerzhaft, dass sie mit ihren Gedanken und Gefühlen rund um den Tod eines Familienmitglieds ganz anders sind als ihre Altersgenossen. Stabile Freundschaften, in denen sie auch mit ihrer Trauer akzeptiert werden, Trost, Halt und Gespräche finden, sind wichtige Unterstützungsfaktoren. Auch das Verhalten von z.B. Lehrern, Trainern oder Gruppenleitern hat Auswirkungen auf die Art und Weise, wie sie sich in ihrer Trauer zurechtfinden.

Die Auseinandersetzung mit dem Verlust eines Familienmitglieds intensiviert bei Teenagern die Beschäftigung mit Tod und Sterblichkeit, die ohnehin zum Erwachsenwerden dazugehört. Dass wir alle sterblich sind, ist für die meisten jungen Menschen in diesem Alter eine abstrakte Erkenntnis, interessant und beängstigend zugleich. Für trauernde Teenager sind Sterblichkeit und Tod eine reale und überwältigende Erfahrung mit extremen Auswirkungen auf ihren Alltag und ihre Zukunftsplanung. Ängste können entstehen, die den weiteren Lebensweg beeinflussen. Es wird schwerer, sich wirklich auf Menschen einzulassen, wenn man weiß, wie schnell jeder Mensch sterben kann und wie weh das den Zurückbleibenden tut. Selbstvertrauen kann zerbrechen, wenn ein heranwachsender Mensch sich monatelang verwirrt und unkonzentriert in seiner Trauer erlebt, so dass die Leistungen in der Schule bzw. der Ausbildung nachlassen. Wer immer wieder so stark von den eigenen Gefühlen überwältigt wird, dass der Alltag darunter leidet, kann Lebensangst entwickeln und nicht mehr wagen, Lebensträume zu entwickeln. Die positive Bestätigung und verständnisvolle Ermutigung von guten Freunden ist ein wichtiges Gegengewicht gegen die tiefe Verunsicherung, die ein trauernder Jugendlicher durchlebt.

Teenager sind hochsensibel in der Wahrnehmung der veränderten Familienstruktur. Es kann sein, dass sie jedes provozierende

Verhalten einstellen und sich mit aller Kraft darauf konzentrieren, »keinen Ärger zu machen«. Dann bemühen sie sich um gute Schulnoten, übernehmen ungefragt Aufgaben im Haushalt und in der Versorgung jüngerer Geschwister. Genau wie trauernde Erwachsene nehmen sie dabei in Kauf, dass ihre eigenen Gefühle in den Hintergrund gedrängt werden. Manche Jugendlichen geben ihre Pläne z.B. für ein Auslandsstudium oder den Auszug von zuhause auf, um ihre Familie zu stabilisieren.

Tipp für Eltern: Lassen Sie Ihre pubertierenden Kinder nicht allein mit ihrer Verwirrung und Ihrem Schmerz.

- Suchen Sie Wege der Verständigung, wie Sie es mit allen anderen Themen tun. Signalisieren Sie in regelmäßigen Abständen, dass Sie sich für ihre Gefühle und Gedanken interessieren.
- Beziehen Sie Ihre Teenagerkinder in die Gestaltung von Jahrestagen und Erinnerungsecken in der Wohnung mit ein.
- Lassen Sie sich nicht entmutigen, auf Unterstützungsangebote für junge Trauernde hinzuweisen.
- Ermutigen Sie Ihre heranwachsenden Kinder, Ihr eigenes Leben zu leben.

Erfahrungsbericht

Mein Vater starb an einem Herzinfarkt, als ich 15 war. Im Dorf war er bekannt, sein Tod löste Schrecken, Mitgefühl, Fassungslosigkeit und große Empathie mit unserer Familie aus. Am größten war jedoch die Unsicherheit. Wie sollte man einer Familie begegnen, deren Ernährer gerade gestorben war?

Wir sind eine große Familie. Viele Menschen kamen ins Haus, schüttelten uns die Hände und kondolierten, viele sahen uns nicht einmal an. Direkt angesprochen hat mich niemand.

Am dritten Tag nach Vaters Tod kam unangemeldet meine Cousine vorbei. Sie ist zwei Jahre älter als ich, wir sind im gleichen Dorf aufgewachsen, sahen uns häufig. Sie nahm sich Zeit und fragte einfach: Sag mal, wie geht es Dir eigentlich? Sie wollte das wirklich wissen.
Sie war die Erste, der ich erzählen konnte von den unterschiedlichsten Gefühlen – davon, dass wir manchmal beinahe hysterisch lachten, wenn wieder jemand, den wir Geschwister kaum kannten, die lange Reihe Hände geschüttelt hatte und eine Beileidsbekundung gemurmelt hatte. Vom schlechten Gewissen über das Lachen, von der Unfassbarkeit des Todes, vom Gefühl, der Vater müsse jeden Moment zur Tür hereinkommen. Sie blieb eine der Wenigen, die ihre Scheu überwanden und fragte. Für mich war das ungeheuer wertvoll.

Zum Weiterlesen

Für trauernde Jugendliche gibt es eine Reihe von begleiteten Internetforen, in denen junge Menschen sich mit geschulten Mitarbeiterinnen und anderen trauernden Jugendlichen austauschen können. Bewährt sind die folgenden Foren:
www.allesistanders.de, www.u25-freiburg.de, www.nico-und-nicola.de
Die bundesweite »Nummer gegen Kummer« ist 24 Stunden am Tag kostenlos für Kinder und junge Menschen in Krisen erreichbar: 0800 – 111 0 333. Ein besonderes Angebot gibt es jeden Samstag 14-18h, wenn dort kostenlose Telefonberatung von Jugendlichen für Jugendliche angeboten wird.

Professionelle Unterstützung

Die Liebe ihrer Familie und Freunde ist für Kinder und Jugendliche die Grundlage für ein sicheres Lebensgefühl trotz Verlust und Trauer. Den Alltag in Kindergarten, Schule, Jugendgruppe wünschen sich viele Kinder unverändert. Manche möchten nicht einmal direkt auf den Verlust angesprochen werden. Sie sehnen sich nach Stabilität, und die stellt sich für sie durch weitgehend unveränderte Rahmenbedingungen her. Außerhalb des Familienlebens erleben sie das eher als im deutlich veränderten Familienalltag. Eine Trauergruppe für Kinder bzw. Jugendliche oder sogar eine Psychotherapie kann sich für diese Kinder wie eine weitere Stigmatisierung des »Andersseins« anfühlen. *Bitte drängen Sie Kinder deshalb nicht, ein Trauer-Angebot müsse sein!* Erzählen Sie den Kindern und Teenagern davon und wenn Ihr Kind Interesse zeigt, bieten Sie einen ersten Besuch oder Kontakt an.

Wenn sie von sich aus teilnehmen möchten, können Kinder und Jugendliche von einer *Trauergruppe* sehr profitieren. Dort können sie sich in anderen trauernden Kindern wiedererkennen und Erfahrungen teilen, die ihre Schulfreunde nicht haben. Die Gruppenleiterinnen geben ihnen Anregungen, ihre unterschiedlichen Gefühle zu benennen und auszuleben. Sie lernen neue Möglichkeiten kennen, liebevoll mit ihren Erinnerungen umzugehen, und ihre Fragen über Leben und Tod finden neue Antworten in der Gruppe.

Die meisten Anbieter von Kinder- bzw. Jugendtrauergruppen bieten auch Gespräche oder Gruppen für die trauernden Eltern/Elternteile an. Hier können Eltern sich untereinander austauschen und mit Trauerbegleitern über ihre Ängste und Sorgen in Bezug auf die Trauer der Kinder sprechen.

Einzelbegleitungen für trauernde Kinder sind selten, manchmal kommt eine Trauerbegleiterin in die Familie und spricht mit allen Familienmitgliedern über Möglichkeiten, Gefühle anders als bisher auszudrücken und mit Erinnerungen bewusster umzugehen.

Eine *Psychotherapie/Spieltherapie* könnte angemessener für das trauernde Kind bzw. den Teenager sein, wenn folgende Symptome über Monate hinweg auftreten:

- Schlaflosigkeit
- Einnässen
- Aggression

- Kopfschmerzen, Migräne
- Trennungsängste
- andauernder Rückzug
- selbstverletzendes Verhalten
- starker Leistungsabfall in der Schule.

Den Kindern fällt selbst auf, dass sie sich verändern, und sie wünschen sich meistens selbst eine Unterstützung. Es gibt Psychotherapeuten, die auf Gespräche mit Kindern und Jugendlichen spezialisiert sind. Sie können z.B. bei Ihrer Krankenkasse nachfragen, wo sie in Ihrer Nähe zu finden sind.

Kinder- und Jugendtrauerangebote werden oft kostenlos oder gegen eine Spende angeboten. Spieltherapien oder eine Familientherapie, bei der die ganze Familie gemeinsam beraten wird, werden von den Krankenkassen übernommen.

Tipp für Eltern bzw. Erziehungsberechtige: Überprüfen Sie Ihr eigenes Verhalten – gibt es etwas, was Sie selbst ändern könnten, um ihren Kindern Erleichterung zu verschaffen? Vielleicht wussten Sie das nicht – aber alles, was Sie für sich selbst tun, kommt auch Ihren Kindern zugute. Deshalb lohnt sich auch der Gedanke, ob Ihnen selbst eine Beratung gut tun würde, um sich mit einer neutralen Person aussprechen zu können (Mehr Infos und Tipps für Ihre Situation finden Sie ab S. 75).

Wenn ein Kind stirbt

Dableiben, wenn andere das erleben, wovor man selbst große Angst hat

Der Tod von Kindern und Jugendlichen wird stets als überwältigendes Unglück erlebt. Nicht nur die betroffenen Familien, auch Ärzte, Feuerwehrleute und Seelsorger sind durch das frühe Ende eines Menschenlebens besonders stark erschüttert. Es scheint uns nicht richtig, wenn ein Leben schon an seinem Beginn endet. Großeltern sagen dann manchmal: »Ich wäre doch dran gewesen mit dem Sterben, wieso mein Enkelkind, das ist doch verkehrt.«

Grenzen ziehen

Wer selbst Kinder hat, wird durch den Tod eines anderen Kindes an die eigenen Ängste erinnert. Denn – was der Familie nebenan passiert ist, könnte auch den eigenen Kindern geschehen. Damit mögen sich viele Menschen nicht auseinandersetzen. Die Ängste sind so groß, dass sie das eigene Weiterleben bedrohen, man möchte einfach die Augen zumachen und sich wieder in Sicherheit wiegen. Wegsehen, sich zurückziehen und den Kontakt abbrechen sind Möglichkeiten, sich zu schützen. Allerdings haben diese Schutzmaßnahmen einige unerwünschte »Nebenwirkungen«: Man hat ein schlechtes Gewissen, man verliert Freunde oder Bekannte, und letztendlich wird die eigene Angst dadurch nicht kleiner.

Ich möchte Ihnen eine andere Form des Selbstschutzes vorschlagen.

Übung

Stellen Sie sich Ihr eigenes Leben als ein Haus vor. Um Ihr Lebens-Haus herum gibt es einen Garten, und der wird von einem Gartenzaun begrenzt. Auf der anderen Seite Ihres Gartenzauns be-

ginnt das Grundstück des trauernden Menschen, dem Sie sich verbunden fühlen. Machen Sie sich bewusst, dass Ihr Lebens-Haus an das Lebens-Haus des anderen grenzt, aber nicht damit identisch ist. Sie können mit dem trauernden Freund »über den Gartenzaun« hinweg sprechen, Sie können ihn einladen oder rübergehen, um auszuhelfen. Aber stets gibt es diesen deutlichen Unterschied zwischen dem einen Haus und dem anderen. Wenn Ihre eigenen Ängste oder auch das Belastungsgefühl zu groß werden, konzentrieren Sie sich auf den Gartenzaun, der das eine Lebenshaus vom anderen trennt. Malen Sie sich aus, wie dieser Zaun aussieht und überprüfen Sie, ob es Lücken gibt oder das Tor nicht richtig geschlossen ist. Es scheint paradox, aber es ist eine wichtige Erfahrung, dass wir einander dann am besten begegnen können, wenn wir für eine gut funktionierende Abgrenzungsmöglichkeit gesorgt haben.
Dieses innere Bild können Sie immer wieder aktualisieren, wenn Ihnen das Leid der trauernden Freunde zu nah kommt. Machen Sie sich dann klar, dass Ihr eigenes Leben von solch einem Unglück zurzeit verschont ist, und erlauben Sie sich, das bewusst zu genießen.
Auch wenn Sie selbst um dieses Kind trauern oder gerade eine andere Krise bewältigen, erinnern Sie sich bitte an dieses Bild. Überprüfen Sie, wie Ihr eigenes Leid in Ihrem eigenen Lebenshaus aussieht und was Sie dort für sich selbst brauchen.

Stirbt mit einem Kind die Zukunft?

Viele Eltern sagen und fühlen es so – dass mit dem verstorbenen Kind auch ein Teil ihrer Zukunft gestorben ist. Damit meinen sie die vielen Hoffnungen und Perspektiven, die sich mit dem Älterwerden dieses Kindes verbunden haben. Söhne und Töchter sind die, die etwas von ihren Eltern in die Zukunft weitergeben, die das Familienerbe wahren und dem Leben ihrer Eltern über die Gegenwart hinaus Sinn verleihen. Diese Aspekte sind berührt, wenn ein Kind stirbt; dabei ist es unerheblich, welches Alter dieser Junge oder dieses Mädchen erreichen. Das rechnerische Alter spielt keine Rolle für die Bindung zwischen Eltern und ihren Kindern. Wenn ein achtzigjähriger Mann vom Tod seines sechzigjährigen Sohnes erfährt, dann trauert er um sein Kind. Genauso geht es der Frau, die im 4. Schwangerschaftsmonat eine Fehlgeburt erleidet, auch sie verliert ein Kind und mit ihm Lebensperspektiven und Hoffnungen.

Jedes Kind ist für seine Eltern besonders, deshalb sind lebende Geschwister auch nur bedingt ein Trost für trauernde Eltern; denn die Anteile von Gegenwart und Zukunft, die mit diesem einen, besonderen Kind zusammenhingen, sind unwiederbringlich verloren. Es geht hier um die subjektive Bedeutung, nicht um »die Wahrheit«. Ich schlage Ihnen vor, diese subjektive Wahrnehmung trauernder Eltern zu akzeptieren, statt dagegen zu argumentieren. Sie begegnen trauernden Müttern und Vätern in der Gegenwart, und es tut gut, sich auf diese Momente im Hier und Jetzt zu konzentrieren. Hören Sie JETZT, in diesem Moment zu, seien Sie genau HIER mitfühlend, aber auch ganz normal, spüren Sie nach, was Sie dem trauernden Menschen im Hier und Jetzt geben möchten. Alle Perspektiven und Hoffnungen, die Sie selbst in Bezug auf den trauernden Menschen vor sich sehen, können Ihnen die Kraft geben, geduldig und beständig da zu bleiben. Nutzen Sie Ihr eigenes, unversehrtes Bewusstsein von Zukunft, um in der Gegenwart eine gute Freundin zu bleiben, das ist viel hilfreicher als viele Worte und Überzeugungsversuche.

Immer im Herzen

Trauernde Mütter und Väter nennen sich auch »Verwaiste Eltern« und ihre lebenden Kinder »verwaiste Geschwister«, um auszudrücken, dass nun für immer jemand fehlen wird in dieser Familie. Dieses »für immer« ist für Außenstehende manchmal schwer auszuhalten. Manchmal möchte man verwaiste Eltern oder Geschwister schütteln und sie auffordern, das tote Familienmitglied endlich ruhen zu lassen. Damit meint man aber vor allem, dass man selbst »in Ruhe gelassen« werden möchte mit diesem großen Schmerz und nicht daran gewöhnt ist, dass Verstorbene so viel Aufmerksamkeit bekommen. Denn für viele Eltern sind ihre verstorbenen Kinder ganz gegenwärtig. Sie denken viel an sie, stellen sich vor, wie alt sie jetzt wären und was sie tun würden. Viele spüren auch so etwas wie Anwesenheit, träumen oder sehen in bestimmten Ereignissen Zeichen, dass es den verstorbenen Kindern gut geht und sie auch den lebenden Familienangehörigen nur Gutes wünschen. Solche Vorstellungen und Erlebnisse haben nichts mit »Verrücktsein« oder psychischen Störungen zu tun. Vielmehr sind sie tröstlich und helfen, den veränderten Lebensalltag zu bewältigen. Trauernde Eltern, die solch einen Platz im Herzen für ihre verstorbenen Kinder gefunden haben, ertragen den Schmerz der Trennung besser und können sich leichter auch wieder anderen Menschen zuwenden.

Sie sprechen gern von diesem Sohn oder dieser Tochter, die nicht mehr leben. Geteilte Erinnerungen sind ihnen kostbar. Wenn jemand auch nach Jahren noch den Namen dieses Kindes ausspricht, tut ihnen das gut. Als Freund oder Angehörige sollten Sie keine Angst vor den Erinnerungen der Eltern und Geschwister an ein verstorbenes Kind haben. Es schafft Verbundenheit, wenn Sie sich für dieses Kind interessieren. Falls Sie es nicht gekannt haben, lernen Sie es doch durch die Erzählungen kennen. Wenn Sie es miterlebt haben, teilen Sie gemeinsame Erinnerungen. Manche Geschichten werden Sie dabei sehr oft hören – aber das gibt es auch in anderen Zusammenhängen, und wir tragen das aus Freundschaft und Liebe mit.

Endloser Schmerz?

Wenn ein Kind stirbt, erleben seine Eltern einen umfassenden Schmerz, der die Seele und oft auch den Körper vollständig ergreift. Es ist, als sei ihnen ohne jede Betäubung ein Körperteil amputiert worden, zu den qualvollen Schmerzen treten Schock und Fassungslosigkeit über das Geschehene.

Viele verwaiste Mütter und Väter brauchen eine Zeit des Rückzugs, einige Wochen oder sogar Monate, in denen sie nicht funktionieren müssen. Trotzdem stehen die meisten schon nach kurzer Zeit wieder voll im Familien- und Berufsleben. Die Fürsorge für lebende Geschwister des verstorbenen Kindes und auch die Routinen und kleinen Erfolge der Berufstätigkeit geben ihnen Halt und Sinn. Mit großer innerer Kraft bewältigen sie den Alltag, versorgen die lebenden Kinder und auch pflegebedürftige Ältere. Darunter erleben sie schier unerträgliche Sehnsucht nach dem verstorbenen Kind, immer wieder Fassungslosigkeit und Schmerz. Es ist ein anstrengender Balanceakt, den alle Trauernden zu bewältigen haben. Selbstzweifel sind die ständigen Begleiter dieser Prozesse. Warum-Fragen und Versuche, sich den Unfall, die Erkrankung oder den Suizid logisch zu erklären, münden häufig in Scham und Selbstbezichtigungen. Eltern empfinden es als ihre Aufgabe, ihre Kinder zu gesunden und erfolgreichen Erwachsenen zu machen; wenn ein Kind gestorben ist, stellen sich tiefe Versagensgefühle ein.

All das bewegt Ihre trauernden Freunde und Verwandten nach dem Tod eines Kindes – das meiste davon teilen sie Ihnen aber gar nicht mit. Sie versuchen, es »im stillen Kämmerlein« mit sich selbst auszumachen, um niemanden zu belasten. Rücksicht und Scham lassen viele Trauernde zurückhaltend und wenig mitteilsam sein. Wenn Sie dann erleben, dass es ihnen übel genommen wird, wenn ihnen doch einmal eine Erinnerung an das verstorbene Kind entschlüpft, vertieft das die innere Einsamkeit und auch das Misstrauen in eine Welt, die den Tod von Kindern zulässt.

Tipp: Nehmen Sie den Schmerz der anderen ernst – aber denken Sie nicht, dass Sie ihn nachempfinden oder in derselben Intensität spüren müssten. Es ist schwer genug, den tiefen Schmerz eines nahen Menschen mit zu ertragen, ihn auszuhalten. Wenn es Ihnen gelingt, dem Schmerz, den Erinnerungen und der Sehnsucht ein wenig Raum in den Begegnungen zu geben, dann werden Sie erleben, dass Ihre trauernde Freundin oder der trauernde Angehörige von ganz allein auch andere Stimmungen entwickeln wird.

Stirbt mit einem Bruder die Vergangenheit?

Viele Geschwister sagen und fühlen es so – mit dem Tod eines Bruders oder einer Schwester verlieren Sie ein Stück ihrer Vergangenheit. Damit meinen sie die geteilten Kindheitserinnerungen aus einer Zeit, in der sie noch nicht einmal sprechen konnten, das intuitive Wissen um Familienrituale und Familiengeheimnisse. Mit dem Tod eines Geschwisters geht dieser »Zeuge« des eigenen Erwachsenwerdens unwiederbringlich verloren. Es gibt ihn nicht mehr, der ohne Erklärung über einen bestimmten Witz lachte, Macken der Eltern kannte und einfach immer da gewesen war. Die Trauer um einen Bruder oder eine Schwester ist oft eine »aberkannte« Trauer, das heißt eine Trauer, die nicht als solche wahrgenommen und unterstützt wird. Für diese Kinder und Erwachsenen wird der Verlust von Bruder und Schwester noch durch einen weiteren Faktor erschwert. Alle Gefühle und Hoffnungen der Eltern liegen nun auf den Schultern der lebenden Kinder. Sie sind es, die ihre trauernden Eltern trösten und die Verantwortung für den Alltag übernehmen, wenn ihre trauernden Eltern das in ihrem Schmerz zeitweise nicht mehr selbst tun können. Gleichzeitig müssen verwaiste Geschwister aushalten, dass ihre Eltern vor Kummer um das verstorbene Geschwisterkind wenig Liebe und Aufmerksamkeit für sie, die Lebenden, aufbringen können. Auch wenn Eltern deswegen oft ein schlechtes Gewissen haben, können sie ihren Schmerz nicht durch Willensanstrengung unterdrücken. Trauernde Geschwister tragen oft eine Menge Verantwortung unter schwierigen Bedingungen und werden damit kaum gesehen.

Bitte vermeiden Sie:

- »Gut, dass die Mutter dich noch hat.« Damit reduzieren Sie das verwaiste Geschwisterkind auf seine Rolle den Eltern gegenüber. Nehmen Sie wahr, dass auch ein Bruder und eine Schwester tiefe Trauer um ein verstorbenes Geschwisterkind durchlebt. Bieten Sie Mitgefühl und Unterstützung an.
- »Ihr hattet in den letzten Jahren kaum noch Kontakt, das macht es bestimmt leichter.« Geschwisterbeziehungen gehen viel tiefer als Entfremdungen im Erwachsenenalter vermuten lassen. Fragen Sie lieber behutsam nach, was jemand mit »dem großen Bruder« oder »der kleinen Schwester« erlebt und verbunden hat.

Erfahrungsbericht

Ca. acht Monate nach dem Tod meiner Tochter war Betriebsversammlung meines Arbeitgebers. Ich hatte ein mulmiges Gefühl, weil ich mich nur noch sehr ungern auf großen Veranstaltungen aufhielt und wusste, dass ich sehr vielen Kolleg/innen zum ersten Mal nach dem Tod meiner Tochter wieder begegnen würde. Mir war auch klar, dass viele mich ängstlich beobachten und mir mit Unsicherheit begegnen würden, und ich fühlte mich unwohl damit. Außerdem wusste ich nicht, wie ich selber reagieren würde und ob ich unvermittelt in Tränen ausbrechen würde, was ich in diesem Rahmen nicht wollte.
Es war tatsächlich nicht die einfachste Übung für mich. In der Pause kam eine Kollegin auf mich zugestürmt und sagte nur: »Das kann nur ein Alptraum sein – sorry, ich hab so oft an Dich gedacht, aber ich hab mich einfach nicht getraut, mich bei Dir zu melden.« Ich hatte mich wirklich gewundert, von ihr nichts gehört zu haben, aber diese Aussage war so erfrischend spontan und ehrlich, dass ich mich darüber gefreut habe.

Zum Weiterlesen

Unter www.veid.de finden Sie den bundesweiten Verband trauernder Eltern und Geschwister mit vielen Informationen für trauernde Familien selbst, aber auch für diejenigen, die Ihnen beistehen möchten. Hier finden Sie auch aktuelle Literatur und weiterführende Links.

Plötzliche und mit Gewalt verbundene Todesursachen

Verstehen, dass es immer vor allem um den Verlust geht und nicht um schockierende Einzelheiten des Todes

Die meisten Menschen sterben nach einer Zeit des Krankseins oder in hohem Alter, ihre Angehörigen haben die Möglichkeit, sich auf diesen Tod vorzubereiten. Er kommt als Folge des Alters oder einer Erkrankung und wird als »natürlich« bezeichnet und wahrgenommen. Daneben gibt es plötzliche Todesursachen, die ohne jede Vorwarnung und Vorbereitungszeit über die Hinterbliebenen hereinbrechen, ein Schock ist oft die Folge. Manche plötzlichen Tode haben organische Ursachen wie einen Herzinfarkt. Andere werden durch einen Unfall, einen Mord, einen Suizid oder eine Naturkatastrophe ausgelöst. Solche Tode bringen oft mit sich, dass der Körper des Verstorbenen stark verletzt ist oder z.B. bei einer Naturkatastrophe nicht aufgefunden wird. Plötzliche Tode sind unerklärlicher als andere, z.B. kommen beim plötzlichen Kindstod oder nach einem Suizid schnell Verdächtigungen auf, jemand hätte etwas falsch gemacht. Hinterbliebene fühlen sich oft zu Unrecht beschuldigt und ausgegrenzt.

Zu Beginn: Schock und Scham

Die Todesnachricht kommt bei plötzlichen Toden wie aus heiterem Himmel. Das ist für die Angehörigen und Freunde ein besonderes Schockerlebnis. Dieser Schock wird vertieft durch die polizeilichen Ermittlungen, die immer eingeleitet werden, um ein Verbrechen aufzuklären bzw. bei Suizid und Unfall ein Verbrechen auszuschließen. In diesem Zusammenhang können unmittelbar nach der Todesnachricht Wohnungen durchsucht und persönliche Gegenstände beschlagnahmt werden, Angehörige werden verhört und manchmal auch verdächtigt. Sogar der Verstorbene wird beschlagnahmt und zu weiteren Untersuchungen in die

Gerichtsmedizin gebracht. Auch wenn häufig keine Obduktion stattfindet, ist das alles sehr quälend für die Angehörigen und es verstärkt ein Gefühl von Unwirklichkeit, aber auch von Scham. Der gesamt Ablauf entspricht nicht dem, was üblich ist, er fühlt sich fremd und falsch an. Ein Bewusstsein, auf unangenehme Art etwas Besonderes zu sein, setzt sich fest. Scham führt dazu, dass Menschen sich isolieren, sie haben das Gefühl, ihr »Gesicht verloren zu haben«, und fürchten abfällige Reaktionen. Als Freunde gehen Sie am besten so unbefangen wie möglich mit Trauernden nach einer plötzlichen Todesnachricht um. Geben Sie Ihnen in der Begegnung ein Stück Normalität zurück.

Tipp: Wenn jemand sehr durcheinander ist, konzentrieren Sie sich auf die einfachen Dinge wie etwas zu trinken, eine warme Decke oder Wärmflasche, Taschentücher und eine ruhige Ecke für die Tränen. Kümmern Sie sich dann um die nächstliegenden Fragen: Sind die Kinder versorgt? Was muss erledigt werden, was kann warten? Möchte jemand umarmt werden oder nur eine Hand spüren oder lieber für sich sitzen?

Tipp: Überfordern Sie sich nicht, Sie müssen diese schwierige Situation nicht im Alleingang mit dem Trauernden bewältigen! Sehen Sie sich als Teil eines Netzwerks, das sich um den trauernden Menschen knüpft, dazu gehören neben Ihnen andere Freunde, Bekannte, Nachbarn und Verwandte. Dazu können auch professionelle Unterstützer gehören wie Seelsorgerinnen, Krisenhelfer, Trauerbegleiterinnen oder der Bestatter.

Erzähl doch mal ...

Wenn wir hören, dass jemand ermordet wurde, sich selbst getötet hat oder bei einem spektakulären Unfall gestorben ist, kommen Fragen auf. Es wird nach dem »Warum« gefragt, aber auch nach dem »Wo« und »Wie«. Mit diesen Fragen versuchen wir zu begreifen, was geschehen ist. Wir sind wie Kinder, die jede Einzelheit kennen möchten und erst dann glauben, was sie gehört haben. Diese an sich nützliche Neugier kann uns aber in Schwierigkeiten bringen, wenn sie sich auf Todesursachen richtet, bei denen der Körper des Verstorbenen starke Verletzungen erleidet. Es kann sich dann ein starker Sog entwickeln, der immer mehr erschreckende Bilder heraufbeschwört und in Voyeurismus umschlägt. Außenstehende empfinden bei diesen Schilderungen ein kurzzeitiges Entsetzen, schlimmstenfalls sehen sie die inneren Bilder noch einige Stunden lang vor sich und fühlen sich dadurch beunruhigt. Für die betroffenen Angehörigen bergen die realen ebenso wie die phantasierten Bilder von einem Suizid die Gefahr, dass sie sich ihnen bei jeder Schilderung noch stärker einprägen. Das damit verbundene Entsetzen kann starken Stress auslösen, Albträume und Ängste können die Folge sein.

Ich selbst frage meine Klienten nur wenige Einzelheiten, denn ich muss z.B. gar nicht wissen, wie viele Meter hoch die Brücke war, von der jemand in den Tod gesprungen ist. Ich brauche auch keine detaillierten Informationen darüber, welche Verletzungen der Verstorbene hatte und an welchen er gestorben ist. Mein Wunsch und mein Auftrag sind ja, dem trauernden Menschen neben mir beizustehen, dafür ist die Menge von Blut auf dem Boden rund um einen Verstorbenen unwichtig. Viel wichtiger ist für mich das Hier und Jetzt des trauernden Menschen. Welche Gefühle und Gedanken sind im Moment da? Was muss erledigt werden? Gibt es einen Wunsch oder ein Bedürfnis, bei dem ich hilfreich sein kann?

> **Tipp:** Überprüfen Sie Ihren eigenen Wissensdurst – was wollen Sie wissen, um Ihre eigene Neugier zu befriedigen? Was müssen Sie wissen, um einem trauernden Menschen beizustehen?

Schuldgefühle

Plötzliche Todesursachen führen häufig dazu, dass Hinterbliebene sich die Schuld oder die Mitschuld am Tod des nahen Menschen geben. Sie suchen ihre Versäumnisse in der Zeit kurz vor dem Tod des Angehörigen oder Freundes, das kann die letzte Begegnung sein oder das letzte Telefonat. Oft gehen die Selbstbezichtigungen weiter in die gemeinsame Vergangenheit. Besonders Suizidtrauernde erklären sich rückwirkend oft zu schlechten Eltern, lieblosen Partnern oder unzureichenden Geschwistern. Menschen, deren Vater oder Mutter sich selbst getötet hat, sind ebenfalls überzeugt davon, dass das etwas mit ihnen zu tun haben muss, selbst wenn sie zum Zeitpunkt des Todes noch ein kleines Kind waren.

Solche Schuldzuweisungen gegen sich selbst sind belastend für die Betroffenen selbst. Aber auch für Außenstehende ist es sehr anstrengend, die immer gleichen Vermutungen, die mit »Hätte ich doch …« beginnen, anzuhören. Man fühlt sich aufgefordert, etwas Entlastendes zu sagen, z.B.: »Du bist doch nicht Schuld an seinem Tod!« Das ist ein freundliches Angebot, leider trifft es aber nicht immer die Bedürfnisse des trauernden Menschen. Der Versuch, Betroffenen ihre Selbstbezichtigungen vehement auszureden, ähnelt eher einem Maulkorb. Die Trauernden kommen gar nicht dazu, darüber zu sprechen, was sie sich vorwerfen. So bleiben die Anklagen in ihrem eigenen Kopf eingesperrt dort kann ihnen die Absurdität von mindestens der Hälfte dieser Vorwürfe aber nicht klar werden. Menschen, die sich in Ruhe anhören, was Trauernde sich vorwerfen, geben ihnen eine Chance. Mit diesem ruhigen Zuhören wird Trauernden signalisiert, dass sie es wert sind, angehört zu werden. Das ist ein wichtiges Zeichen gegen die tiefe Scham, die mit Selbstvorwürfen verbunden ist. Wer sich für mitschuldig am Tod eines nahen Menschen hält, ist von tiefer Scham über sein eigenes Unvermögen oder sogar »Verbrechen« erfüllt. Als Freund oder Angehöriger können Sie die Schuldvorwürfe nicht abnehmen oder ausreden. Aber sie können deutlich machen, dass Sie Ihren Freund oder Angehörigen weiterhin achten und lieben, weil Sie ihn weder für einen »Mörder« noch für einen »schlechten Menschen« halten. Wenn Sie Ihre ungebrochene Sympathie und Wertschätzung beibehalten und zeigen, haben Sie etwas sehr Wichtiges zur Unterstützung gegeben. Den Weg mit oder raus aus den Selbstbezichtigungen kann und muss der Trauernde selbst gehen.

Nach einem Suizid

Selbsttötung ist für die meisten Menschen ein schwieriges Thema – es gibt starke religiöse und gesellschaftliche Tabus, die eine Selbsttötung als falsch und sogar als Sünde bezeichnen. In manchen philosophischen Traditionen dagegen gilt Selbsttötung als Beweis von Freiheit. Die Psychologie wiederum vermutet, dass hinter vielen Selbsttötungen eine psychische Erkrankung steckt. Wenn ein Mensch sich das Leben genommen hat, wird die Reaktion auf seine Angehörigen stark von diesen Sichtweisen auf die Todesart Suizid bestimmt.

Deutungen und Sprache

Die verschiedenen Sichtweisen auf die Todesart Suizid zeigen sich deutlich in den verschiedenen Begriffen, die wir benutzen können. Jeder Begriff löst Assoziationen aus. Die Ausdrücke »Selbstmord« und »X hat sich umgebracht« enthalten die Worte »Mord« und »umbringen«, die sonst im Zusammenhang mit Verbrechen benutzt werden. Sie klingen abwertend und werfen

sofort die Frage nach den Schuldigen an diesem »Verbrechen« auf.
Der Begriff »Freitod« enthält den Begriff »frei«, der sehr positiv besetzt ist und für viele Menschen ein hohes Ideal darstellt. Damit wird auch diese Todesart idealisiert.
Das lateinische »Suizid« ist manchen zu klinisch, doch ebenso wie das deutsche Wort »Selbsttötung« beschreibt es das Geschehene aus meiner Sicht am besten und am wenigsten wertend.
Ich selbst spreche daher meist von Selbsttötung oder Suizid, um einen Tatbestand ohne Interpretation zu beschreiben. Es gibt sogar Empfehlungen des deutschen Presserates an alle Medien, sich diesem wertneutralen Sprachgebrauch anzupassen. Ich schlage Ihnen vor, das auch zu tun.
Ich habe noch einen Vorschlag, der auf den ersten Blick ungewöhnlich scheinen mag. Über Menschen, die sich das Leben genommen haben, wird stets so gesprochen: »Mein Mann, der sich erhängt hat«, »der Tag, an dem meine Tochter sich erschossen hat.« Diese ausdrückliche Erwähnung der Todesursache geschieht sonst nicht. Wir sagen nicht »meine Oma, die an Altersschwäche gestorben ist« oder »der Tag, an dem mein Vater an einer Lungenembolie gestorben ist«. Deshalb habe ich mir angewöhnt, auch Suizidtrauernden gegenüber von »Ihrer verstorbenen Frau« zu sprechen und von »der Nacht, in der dein Bruder gestorben ist«. So entsteht ein Bewusstsein dafür, dass Suizide auch Tode sind, eine Art zu sterben und etwas, das betrauert wird.
Die Hinterbliebenen wählen oft andere Begriffe, die ihren aktuellen Gefühlen und Interpretationen entsprechen. Ich sehe es nicht als meine (und auch nicht als Ihre) Aufgabe, Trauende in ihrem Sprachgebrauch zu maßregeln.

Tipp: Überprüfen Sie Ihren Sprachgebrauch: Was wollen Sie ausdrücken? Benutzen Sie die Begriffe, die Ihnen selbst passend erscheinen. Lassen Sie gleichzeitig die Hinterbliebenen unkommentiert ihre eigenen Worte benutzen, die oft von starken Gefühlen geprägt sind.

Da muss doch was gewesen sein

Wenn Sie einem Suizidtrauernden begegnen, kann es egal sein, was Sie von Suiziden und den Menschen, die ihn begehen, halten. Denn vor Ihnen steht nicht derjenige, der durch Suizid gestorben ist, sondern ein trauernder Mensch. Versuchen Sie, diesen trauernden Freund oder Nachbarn in seiner Gegenwart zu sehen, mit dem Schmerz und den vielen Fragen, die er jetzt hat. Vermeiden Sie es, in diesem Menschen nur jemanden zu sehen, der »irgendwie« mit diesem Suizid zu tun hat. Das würde bedeuten, dass Sie jemanden abstrafen für etwas, dass jemand anderer getan hat.

Vielleicht gehen Ihre Erklärungsversuche aber auch dahin, dass lieblose oder gewalttätige Beziehungen für Suizide verantwortlich sind. Wenn das stimmte, wären Suizidtrauernde stets lieblose und gewalttätige Eltern, Partner oder Geschwister gewesen. Mit solchen Menschen würden Sie vielleicht nichts mehr zu tun haben wollen. Sie würden alle Erinnerungen noch einmal durchgehen und irgendetwas finden, was einen schlechten Eindruck hinterlassen hat, dann könnten Sie sich sagen: »Ich habe es doch schon immer gewusst«. Damit hätten Sie einen perfekten »Sündenbock« gefunden, auf dem Sie Ihre eigene Verunsicherung nach einer Selbsttötung abladen können. Ob das diesen Menschen gerecht wird?

In meiner langjährigen Beratungspraxis sind mir viele ganz und gar normale Suizidtrauernde begegnet, die ihren verstorbenen Angehörigen gegenüber genauso liebevoll, aber manchmal auch

rücksichtslos gewesen waren wie die meisten anderen Menschen. Auch die Forschung zeigt uns, dass es zwar bestimmte Risikofaktoren für Suizidhandlungen gibt, dass aber tatsächlich jeder Mensch dazu in der Lage ist, unabhängig von seinem Alter, seiner Biografie und seinen aktuellen Lebensumständen.
Die Suche nach den genauen Ursachen für einen Suizid muss meiner Ansicht nach für Freunde und Bekannte ein Nebenthema sein. Sie haben in der Regel viel zu wenige Informationen über den Verstorbenen, um sich ein genaues Bild von der Situation machen zu können. So bleibt es bei Vermutungen und oft auch Verdächtigungen. Ich schlage vor, dass Sie sich nicht daran beteiligen. Die Hinterbliebenen brauchen jetzt Ihre Unterstützung, nicht die Verstorbenen.
Für die Hinterbliebenen selbst ist die Suche nach einer einigermaßen stimmigen Erklärung für den Suizid eine wichtige Aufgabe in ihrem Trauerprozess. Für sie ist es ungeheuer wichtig herauszufinden, warum ein Mensch, mit dem sie zusammengelebt haben, dieses Leben verlassen hat. Aber auch sie, die diesen Menschen besser kannten als jeder andere, stehen oft vor Rätseln und wissen meist nicht, wie sie Art und Zeitpunkt des Todes mit dem Leben dieses Menschen in Verbindung bringen können. »Die Wahrheit« hat der Verstorbene mit ins Grab genommen, und manchmal habe ich den Eindruck, dass er nicht einmal selbst sein Verhalten schlüssig erklären könnte. Gespräche über die Hintergründe und Motive einer Selbsttötung können quälend sein in ihren immer gleichen Fragen und Schuldzuweisungen. Versuchen Sie, sich nicht von der Qual und Fassungslosigkeit überwältigen zu lassen. Verstehen Sie diese Gespräche als notwendige Suche nach Zusammenhängen.

> **Tipp:** Wenn Ihnen dieser Suizid selber Angst macht oder Sie sehr erschüttert, dann setzen Sie sich auch mit anderen Gesprächspartnern zusammen. Sprechen Sie mit Freunden oder einem Trauerbegleiter darüber, wie Sie sich fühlen und was Sie glauben, wie es zu dieser Selbsttötung gekommen ist. Verzichten Sie trauernden Familienangehörigen und nahen Freunden gegenüber auf eindeutige Schuldzuweisungen und Erklärungen, die Ihnen einleuchten, dem anderen Trauernden aber nicht. Vermeiden Sie Streit an dieser Stelle. Lassen Sie den Trauernden – und sich selbst – Zeit, sich immer neu mit den verschiedenen Deutungsmöglichkeiten zu befassen und letztendlich eine »Version« des Geschehens zu entwickeln, mit der sie gut weiterleben können. Diese Version muss nicht mit ihrer eigenen identisch sein!

Wut oder Mitleid

Menschen, die sich das Leben genommen haben, lösen oft Wut aus und genauso oft Mitleid. Das Mitleid richtet sich auf den Verstorbenen und all das Unglück, dass er vermutlich gespürt hat. In diesem Mitleid können Angehörige alle anderen Aspekte ihres Trauerprozesses verlieren, gleichzeitig löst es heftige Schuldgefühle in ihnen aus. Wenn Sie selbst starkes »Mitleid« mit einem durch Suizid Verstorbenen haben, kann Sie das wütend auf die (anderen) Angehörigen machen. Ihre Gedanken bleiben dann nicht in der Gegenwart des Trauerprozesses, sondern suchen ständig in der Vergangenheit nach Fehlern und Versäumnissen, die Sie den anderen voller Zorn vorwerfen.

Die Wut kann sich aber auch auf den Verstorbenen richten, er kann als »Versager« und »Egoist« abgestempelt werden. Damit werden Sehnsucht und auch positive Erinnerungen an gemeinsame Zeiten erschwert. Das wichtige Traueranliegen, den Verstorbenen einen guten und friedlichen inneren Platz zu geben, wird im Zorn manchmal völlig vergessen.

Trauernde selbst können oft gar nicht anders, als diese widersprüchlichen Gefühle und auch Meinungen über sich selbst und den Verstorbenen intensiv zu durchleben. Als Freunde und weniger stark Betroffene können Sie sie am besten unterstützen, indem Sie einigermaßen gelassen bleiben.

✗ Bitte vermeiden Sie

- »Wie kannst du denn um diesen Versager trauern, sei froh, dass du ihn los bist!« Niemand möchte einen »Versager« lieben oder geliebt haben. Mit solch einer Behauptung werten Sie Ihr Gegenüber ab und wecken Scham. Das ist kein bisschen unterstützend. Abgesehen davon steht niemandem eine solche Bewertung zu.
- »Wenn Sie endlich mal wütend werden könnten, dann ginge es Ihnen sofort besser.« Wut ist nicht herstellbar, jemand ist wütend – oder eben nicht. Mit solch einer Aussage können Sie zwar manchmal Wut hervorrufen, die richtet sich dann aber gegen Sie selbst.

Ehrendes Andenken

Ein Mensch, der sich selbst getötet hat, bleibt in der Erinnerung häufig so etwas wie ein »ehrloser Ausgestoßener«. Er wird ungern erwähnt, Erinnerungen werden gemieden und alles, was an diesem Menschen angenehm, bewundernswert und bereichernd gewesen ist, gerät in Vergessenheit. Abwertende Urteile über die Todesart Suizid haben dann abgefärbt auf den ganzen Menschen, der so gestorben ist.

Für Trauernde ist das ein schwieriger Zustand, sie haben zwar einen großen Schrecken erlebt, als der Verwandte sich getötet hat, aber davor gab es meist eine lange Zahl von Jahren und Erlebnissen, die angenehm und beglückend waren. Wie alle anderen Trauernden auch suchen sie den inneren Platz für den Verstorbenen. Die allgemeine Ablehnung erschwert diese Suche und setzt an ihre Stelle eine ganz andere Aufgabe. Nicht der Verstorbene in seiner Gesamtheit wird erinnert und innerlich verortet. Lediglich der Suizid und alles, was damit in Zusammenhang gebracht wird, werden »bearbeitet«. Diese Reduzierung des Verstorbenen auf seine negativen Anteile bewirkt gleichzeitig eine Reduzierung des Menschen, der um ihn trauert. Denn er schneidet sich ab von den positiven gemeinsamen Lebenszeiten, damit verliert er wichtige Quellen seiner Kraft und Identität.

Versuchen Sie, diesen Mechanismus zu durchbrechen. Wenn Sie ihn selbst gekannt haben, erinnern Sie sich an alle Seiten des Verstorbenen, auch an bereichernde oder einfach lustige Momente, die Sie mit ihm erlebt haben. Fragen Sie den trauernden Menschen nach solchen Erlebnissen, hören Sie aufmerksam zu und bestätigen Sie, wie wichtig und schön diese Erlebnisse waren.

Übung

Denken Sie darüber nach, was Sie von dieser Ansicht halten:

»Wir entscheiden selbst, mit welchen Anteilen Verstorbene in uns weiterleben. Im Laufe der Jahre gewinnen wir Einfluss auf unsere Erinnerungen und bestimmen, ob jemand als düsteres Geheimnis in unserem Leben bleibt oder als eine Person, die vielleicht einen großen Fehler gemacht hat, aber darüber hinaus auch ein wunderbarer Mensch war.«

Angst vor dem Nachsterben

Suizidtrauernde haben erlebt, dass Selbsttötung eine reale Möglichkeit ist, mit dem eigenen Leben umzugehen. Sie haben das am »Vorbild« eines vertrauten und geschätzten Menschen »gelernt« und die inneren Hemmungen einer Selbsttötung gegenüber können dadurch geringer werden. Deshalb gelten Suizidhinterbliebene als gefährdet, einen »Nachfolgesuizid« zu begehen. In den 15 Jahren meiner Arbeit als Trauerbegleiterin mit ungefähr 1000 Kontakten zu Suizidtrauernden habe ich drei solche Nachfolgesuizide erlebt. Zwei davon wurden von Menschen begangen, die schon vor dem Tod ihrer Angehörigen psychische Probleme und Suizidgedanken hatten. Die Wahrscheinlichkeit solcher Nachfolgesuizide ist also nicht hoch, aber sie besteht. Freunde und Angehörige können vor diesem Hintergrund hilfreich sein, wenn sie

- tiefe Verzweiflung und Erschöpfung, die immer noch lebenszugewandt sind, einfach aushalten.
- den Lebenswillen und die Lebensfähigkeit bei den Trauernden stärken.
- aufmerksam sind für Zeichen von nachlassendem Lebenswillen und akuter Suizidgefahr (die finden Sie auf S. 162).
- bereit sind, professionelle Hilfe zu aktivieren. (Falls es schlechte Erfahrungen in der Behandlung des bereits verstorbenen Menschen gegeben hat, sollten dazu neue Ärzte und/oder Kliniken gesucht werden.)

Manche Trauernde sind schlicht so erschöpft, dass sie sich »lebensmüde« fühlen. Dann kann man sie unterstützen, indem man sie ermutigt, diese Erschöpfung ernst zu nehmen und sich Raum zum Ausruhen zu organisieren. Das kann z.B. eine Krankschreibung oder eine Stundenreduzierung sein, auch eine Haushaltshilfe oder ein Kurantrag können Entlastung verschaffen.

Tipp: Verzichten Sie darauf, erschöpften und lebens-müden Menschen Wellnesstipps zu geben. In diesem Zustand von Verzweiflung und Ausgelaugtsein ist der Weg in die Sauna oder ins Konzert schon viel zu weit. Überlegen Sie stattdessen, welche kleinen Momente der Erleichterung und des Aufatmens Sie dem Trauernden zur Verfügung stellen können. Z.B. können Sie den Hund ausführen, ein schönes Stück Kuchen mitbringen, zu einem kleinen Spaziergang einladen. Geben Sie sich mit »Kleinigkeiten« zufrieden.

Zum Weiterlesen

Unter *www.agus-selbsthilfe.de* finden Sie den bundesweiten Verein für Suizidtrauernde. Neben vielen Informationen und Angeboten für die Betroffenen können Sie sich selbst informieren und Literaturtipps bekommen.
Mein erstes Buch »Warum hast du uns das angetan?« (Chris Paul) vermittelt Ihnen einen Einblick in den Trauerprozess nach einem Suizid mit all seinen erschwerenden Faktoren. Sie können dieses Buch Suizidhinterbliebenen auch schenken, es ist als Selbsthilfebuch und Ratgeber seit vielen Jahren bewährt.
Ein wichtiges Bilderbuch für betroffene Kinder ist: »Da spricht man nicht drüber. Wie Jacob den Suizid seines Vaters erlebt« von Mechthild und Heinrich Hüsch.

Erfahrungsbericht

Ein paar Monate nach dem Suizid meines Vaters bekam ich einen Anruf von der Heimatzeitung aus unserem Dorf. Da wurde eine Jubiläumsausgabe vorbereitet und mein Vater hatte Jahrzehnte im Heimatverein mitgearbeitet. Ich war unsicher, ob ich das will, dass etwas über ihn geschrieben wird. Ich habe mir den Artikel zuschicken lassen und war erst sehr wütend, weil alles so perfekt klang. Schließlich hatte mein Vater sich selbst getötet! Es hat eine Weile gedauert, bis ich meine Vorschläge für eine Überarbeitung machen konnte, ich wollte ihn nicht schlecht reden, aber ein paar Dinge mussten ergänzt werden. Einerseits bin ich froh, dass die Menschen aus unserem Dorf sich an so viele gute Dinge mit ihm erinnern, andererseits macht es mich immer noch wütend auf ihn.

Todesarten, bei denen unmittelbar ein anderer Mensch beteiligt ist, erschüttern uns besonders stark. Für die Hinterbliebenen bringen sie zwei zusätzliche Belastungen mit sich. Da ist zunächst die juristische Auseinandersetzung um die Täterschaft, aber auch um Versicherungsleistungen. Dazu kommt das Medieninteresse. Hinterbliebene werden dann zum Gegenstand öffentlicher Berichterstattung, Journalisten dringen in ihre Privatsphäre ein, für die eigene Trauer bleibt wenig Raum. Gleichzeitig entsteht bei großen Unfällen oder Terroranschlägen auch ein kollektiver Trauerprozess, der eine ganze Region oder sogar ein ganzes Land betreffen kann.

Verantwortliche finden

Unfälle und Verbrechen lösen immer eine juristische Auseinandersetzung aus, die sich meist über Jahre hinzieht. Für die Angehörigen ist das sehr qualvoll, denn sie suchen die genaue Ursache des Unfalls und möchten, dass derjenige, der die Verantwortung trägt, dies auch zugibt und dafür bestraft wird. Gewaltsame Tode, die durch andere verursacht werden, lösen ein tiefes Unrechtsgefühl in den Hinterbliebenen aus. Sie erleben den Tod ihrer Angehörigen und Freunde als unnatürlich und zutiefst sinnlos. Dass ein anderer Mensch mit seinem Handeln den Tod des geliebten Menschen herbeigeführt hat, ist der Bruch eines starken Tabus. »Du sollst nicht töten« heißt es in den biblischen Zehn Geboten, ähnlich formuliert findet sich diese Regel in allen religiösen und weltlichen Gesetzbüchern. Der Bruch dieses Tabus wird mit Strafen belegt bis hin zur Todesstrafe. In unserer Gesellschaft wird die rechtlich bindende Entscheidung über »Schuld« oder »Nichtschuld« von weltlichen Gerichten gefällt, auch die Strafen werden von ihnen verhängt und durchgeführt. Angehörige können nicht Selbstjustiz üben, sie müssen die aus ihrer Sicht quälend langsam mahlenden »Mühlen des Gesetzes« erdulden. Ihr Trauerprozess konzentriert sich oft auf die Frage nach Schuld und Verantwortung. Dabei macht es nicht unbedingt einen Unterschied, ob das zum Tod führende Handeln das Ziel hatte, einen Tod herbeizuführen, wie bei einem Mord oder Terroranschlag, oder ob der Tod eines Menschen durch eine Unterlassung, Unachtsamkeit oder sogar nur einen Zufall verursacht wurde.

Hinterbliebene suchen Hintergründe und Spuren. Sie setzen sich mit Phantasien vom Tathergang auseinander und leiden unter dem vorgestellten Leid ihrer Verstorbenen. Für all das Leiden und die tief empfundene Sinnlosigkeit suchen sie eine Bestätigung und auch Anerkennung durch die Gesellschaft. Sie als Freunde und Angehörige können einen Teil dieses Bedürfnisses stillen, aber vor der Verkündung eines richterlichen Urteils kommen diese Hinterbliebenen schwer dazu, sich mit anderen Erinnerungen und Gefühlen auseinanderzusetzen. Für Außenstehende kann das wie eine »Besessenheit« wirken. Aber versetzen Sie sich einen Moment lang in ihre Lage – könnten Sie »zur Tagesordnung übergehen«, wenn jemand z.B. ihr Kind erschossen oder überfahren hätte?

Tipp: Versuchen Sie Ihren Freunden beizustehen, auch wenn Sie nicht nachvollziehen können, wie stark die Fassungslosigkeit und die Suche nach Schuldigen sind. Suchen Sie die verbliebenen Gemeinsamkeiten. Ein ressourcenorientierter Blick (siehe Tipp S. 53) kann Sie dabei unterstützen. Unterlassen Sie ungeduldige und maßregelnde Bemerkungen. Wenn Sie sich überfordert fühlen, suchen Sie sich selbst Gesprächsmöglichkeiten.

Unterstützende Adressen

Unter *www.weisser-ring.de* finden Sie Ansprechpartner für Opfer von Gewaltverbrechen. Auch Hinterbliebene nach einem Mord werden hier betreut.

Familienleben mit Tod und Trauer

Hinweise für den Weg hin zu einer neuen Balance

Die folgenden Abschnitte wenden sich an nahe Verwandte von Trauernden. Manchmal sind Sie selbst genauso von dem Tod eines Familienmitglieds betroffen, z.B. als Ehefrau eines verstorbenen Mannes, die sich Sorgen um ihre ebenfalls trauernden Kinder macht. Dann müssen Sie Ihren eigenen Trauerprozess und den der übrigen Familienmitglieder gleichzeitig aushalten. Manchmal kommen Sie aber auch ohne eigene Betroffenheit in ein trauerndes Familiensystem hinein, z.B. wenn Sie eine verwitwete Partnerin heiraten. Die Trauerprozesse der jeweils anderen wirken sich auf die Beziehungen zueinander aus und damit auch auf Sie. Es braucht Verständnis und Mitgefühl, aber auch den Mut, sich abzugrenzen, damit angesichts von Verlust und Trauer die Liebe zueinander weiterwachsen kann.

Das Familienmobile

Menschen, die miteinander leben, sind wie ein Mobile. Jeder hat seinen eigenen Platz und gleichzeitig hält jeder Einzelne das Ganze im Gleichgewicht. Jedes Mal, wenn ein Familienmitglied sich und seine Position verändert, müssen alle anderen ebenfalls etwas ändern, damit das Mobile wieder ins Gleichgewicht kommt. Das ist so, wenn neue Familienmitglieder dazukommen, z.B. bei der Geburt eines Kindes. Das geschieht, wenn Familienmitglieder sich verändern, z.B. wenn ein Kind in die Pubertät kommt, und das ist so, wenn ein Familienmitglied die Familie verlässt. Wenn also ein Elternteil oder ein Kind in einer Familie stirbt, gerät das gesamte Familiengefüge durcheinander. Ein Platz am Tisch bleibt leer, bestimmte Aufgaben, die der Verstorbene übernommen hat, bleiben unerledigt. Gespräche und Stimmungen, die so nur mit diesem Familienmitglied geteilt werden konnten, fehlen plötzlich.

Die Balance des Familienmobiles ist gefährdet und unwillkürlich passen sich alle an und bemühen sich, ein neues Gleichgewicht herzustellen. Das führt dazu, dass z.B. Kinder in die Rolle eines verstorbenen Erwachsenen schlüpfen und als »Ersatzmutter« für die übrigen Geschwister oder »Ersatzpartner« für die verwitwete Mutter handeln. Verwitwete Eltern bemühen sich, den verstorbenen zweiten Elternteil zu ersetzen, Vater und Mutter zugleich zu sein. Das nimmt sich niemand gezielt vor und niemand erwartet das bewusst von den anderen. Die Familie als Ganzes versucht, zu überleben und eine neue Balance zu finden. Das ist nichts, wofür sich Einzelne schämen müssten oder wofür man sich gegenseitig Vorwürfe machen müsste. Trotzdem entstehen bei diesem Ausbalancieren Belastungen, die überfordernd sind, und manche Familienmitglieder verlieren dabei ihr eigenes Leben aus dem Blick, andere werden vor Überforderung krank. Es hilft dem Gesamtsystem, wenn jeder Einzelne sich Ansprechpartner und Unterstützung auch außerhalb des Familiensystems sucht. Das zerbrechliche Mobile kann nach dem Tod eines Familienmitglieds nicht alles allein neu ausbalancieren; es profitiert von der zusätzlichen Hilfe, die Freunde, Bekannte und manchmal auch professionelle Berater geben können.

Angst

Wenn ein Familienmitglied stirbt, erlebt die Familie ihre Verletzlichkeit. Diese Verletzlichkeit führt zu einer starken Angst umeinander. Jeder fürchtet, dass noch jemand sterben könnte. Das Grundvertrauen »alles wird wieder gut« ist zerstört. Jeder, der zu spät nach Hause kommt, löst bei den anderen Panik aus: Es könnte ja wieder etwas geschehen sein. Diese Sorge geht in alle Richtungen. Eltern sorgen sich um ihre lebenden Kinder, Kinder haben große Angst, (noch) ein Elternteil zu verlieren, Partner fürchten sich vor dem Tod des jeweils anderen. Diese Ängste sind in der ersten Zeit nach einem Tod nahezu übermächtig; Kinder wollen ihre Eltern oft keinen Moment aus den Augen verlieren und weigern sich, in den Kindergarten oder die Schule zu gehen. Eltern ertragen es nicht, ihre Kinder aus dem Haus gehen zu lassen, wo sie keine Kontrolle über ihr Wohlergehen haben. Familien schlafen in einem Raum beieinander, um sich ständig zu vergewissern – wir sind alle noch da. Mit der Zeit verringert sich das Bedürfnis nach ständiger Vergewisserung. Kritisch werden dann Abschiedssituationen und längere Zeiten ohne ein Lebenszeichen. Das ist vor allem für Eltern von pubertierenden oder erwachsenen Kindern eine Zerreißprobe. Wenn erwachsene Kinder in einer anderen Stadt wohnen oder eine Auslandsreise machen, sind die übrigen Familienangehörigen auf telefonische Nachrichten angewiesen, um zu wissen, ob sie überhaupt noch leben. Ich habe gute Erfahrungen damit gemacht, wenn Familien diese Ängste offen miteinander besprechen. Meist stellt sich heraus, dass auch die erwachsenen oder pubertierenden Kinder große Sorgen um ihre trauenden Eltern haben und deren Angst um sie gut nachvollziehen können. Es findet sich immer ein Kompromiss, wie oft Eltern nachfragen dürfen und wie oft Kinder sich z.B. per SMS melden sollen. Diese Vereinbarungen müssen nicht für alle Zeiten gelten, sie können von Situation zu Situation neu verhandelt werden. Um den Todestag herum verstärken sich Ängste oft und führen für einen begrenzten Zeitraum zum Bedürfnis nach häufigeren Kontakten.

Erfahrungsbericht

Mein älterer Sohn wollte nach dem Tod seines kleinen Bruders nicht mehr in den Kindergarten. Es war schrecklich; wenn ich ihn hinbrachte, hat er sich an mich geklammert und stundenlang geweint, bis ich ihn wieder mit nach Hause genommen habe. Im Gespräch mit meiner Trauerbegleiterin habe ich plötzlich gemerkt, dass es mir genauso geht wie ihm – ich kann es gar nicht aushalten, wenn ich nicht sehe, was er macht. Aber ich wollte, dass er ein normales Leben haben kann, ohne dass ich an ihm klammere. Also habe ich mit ihm gesprochen, dass es mir gut geht, wenn ich ein paar Stunden alleine zuhause bin, und dass er groß genug ist, es im Kindergarten ohne mich auszuhalten. Wenn ich ihn jetzt hinbringe, dann stehe ich nicht mehr lange an der Tür, ich sage ihm Tschüss und gehe und er geht in seine Gruppe, und wenn ich ihn abhole, erzählen wir uns, wie der Tag bisher war. Er geht jetzt wieder gern in den Kindergarten, und ich denke, dass ich ihn sowieso nicht vor allem beschützen kann. Manchmal bin ich da sogar schon mutiger als andere Mütter.

Ich kann sie doch nicht alleine lassen

Trauernde Familien sind immer wieder zutiefst unglückliche und oft sprachlose Familien. Wut kann entstehen und tiefe Frustration. Grundüberzeugungen geraten ins Wanken – z.B. wenn Sie fest davon überzeugt waren, dass diese Partnerschaft bzw. diese Familie alles bewältigen kann, und nun stehen Sie inmitten einer verstörten Gruppe von Menschen, die kein Verständnis füreinander haben und sich nicht mehr verständigen können. Zwei Reaktionen können sich ausbilden – auf der einen Seite gibt es den Wunsch wegzulaufen. Aber viel stärker sind meistens Verantwortungsbewusstsein und Pflichtgefühl. Es entsteht ein starkes Bedürfnis, die anderen Familienmitglieder zu stützen und sie nicht mit den eigenen Gefühlen und Bedürfnissen zu belasten. Es kann zur neuen Lebensaufgabe werden, für die anderen da zu sein. Diese Fürsorge für Familienmitglieder kann auch ein Gefühl von Stärke vermitteln, was ein angenehmes Gegengewicht zur eigenen überwältigenden Trauer darstellen kann. Und manchmal ist es leichter, sich um die Gefühle der anderen zu kümmern als um die eigenen.

So hat die gegenseitige Fürsorge verschiedene Aspekte: Notwendigkeit, Pflichtgefühl, Selbstaufopferung und Ablenkung. Versuchen Sie, für sich herauszufinden, welcher der Aspekte bei Ihnen im Vordergrund steht:

- Es gibt Lebenssituationen, in denen andere existentiell abhängig von Ihnen sind, vor allem Kinder sowie kranke und pflegebedürftige Familienmitglieder. Es kann auch nötig sein, dass Sie das Familieneinkommen weiterverdienen oder ein Familienunternehmen vor dem Ruin retten. Versuchen Sie trotzdem, sich Momente für sich selbst zu nehmen. Auch Sie brauchen eine Zeit, in der Sie ungestört weinen und sich erinnern können, sonst verlieren Sie Stück für Stück die Kraft, für die anderen da zu sein.
- Wenn Sie spüren, dass die Fürsorge für andere Sie vor allem von den eigenen Gefühlen ablenkt, dann überlegen Sie, wie Sie genug Mut und Kraft sammeln können, um sich mit Ihrer eigenen Trauer auseinanderzusetzen.
- Wenn Sie sich moralisch verpflichtet fühlen, z.B. für Ihre Eltern da zu sein, obwohl es Sie überfordert und an Ihrer eigenen Lebensführung hindert, klären Sie zunächst, von wem der moralische Druck ausgeht. Sind es die anderen, die von Ihnen verlangen, sich über Ihre eigenen Fähigkeiten hinaus um sie zu kümmern? Oder ist es ein inneres Gesetz, das Ihnen sagt, Sie müssten so handeln? Versuchen Sie, mit den Menschen zu sprechen, denen Sie sich verpflichtet fühlen. Bekommen Sie heraus, was wirklich von Ihnen erwartet wird und was nicht. Treffen Sie dann Ihre Entscheidungen, was Sie leisten können und wollen. Suchen Sie Gesprächspartner oder eine Beratung, um mehr Klarheit und Durchsetzungskraft zu finden.
- Wenn Sie das Gefühl haben, sich für die anderen aufzuopfern und darüber immer verzweifelter werden, suchen Sie sich jemanden zum Reden. Wahrscheinlich haben Sie schon früher mehr für andere getan als für sich. Dieses Verhaltensmuster wird durch die Trauerkrise Ihrer Familie verstärkt. Ohne Unterstützung von außen kann man solch ein Muster kaum verändern.

Es gibt einige Themen im Umgang mit dem Verstorbenen und der Trauer um ihn, die im Familienalltag immer wieder auftauchen, dazu gehören Fotos vom Verstorbenen, der Umgang mit Jahrestagen seines Todes und seiner Geburt, allgemeine Feiertage und der Umgang mit dem Grab. Auch die Frage, ob die Verstorbene im Alltag erwähnt werden kann, gehört dazu. Für jede dieser Fragen gibt es mindestens zwei Antworten. Die erste Antwort gibt jedes Familienmitglied sich selbst. Jeder Einzelne, Erwachsene ebenso wie die Kinder, entscheidet, wie er Jahrestage verbringen möchte, ob ein Foto auf dem Nachttisch stehen soll, und wie Gefühle gezeigt werden. Die zweite Antwort muss miteinander besprochen werden. Ob ein Foto im Flur oder im Wohnzimmer aufgestellt wird, wo alle daran vorbeigehen, und wie Weihnachten miteinander gefeiert wird, das wird am besten im gemeinsamen Gespräch geklärt. Dabei ist der »Kleinste gemeinsame Nenner« das Ziel. Kompromisse sind besser für die Balance des neuen Familiengefüges als stures Beharren oder beleidigtes Wegbleiben.

Fotos und Erinnerungsstücke

- Als Erwachsene haben Sie Zugang zu allen Dokumenten und Erinnerungsgegenständen. Stellen Sie Ihren Kindern Fotos, Videos und Erinnerungsstücke zur Verfügung, das kann z.B. das Parfum der verstorbenen Mutter sein oder die Lederjacke des verstorbenen Bruders. Lassen Sie die Kinder und Jugendlichen selbst darüber entscheiden, in welcher Form und wo sie die Fotos und Erinnerungsstücke verwenden möchten. Unterstützen Sie sie dabei, z.B. einen geeigneten Rahmen für ein Foto zu finden, eine Collage oder ein Album herzustellen oder eine Erinnerungskiste zu basteln, wenn sie das möchten.
- Wenn Kinder zum Zeitpunkt des Todes eines Familienmitglieds noch sehr klein sind, sollten die Erwachsenen Fotos archivieren und Erinnerungsgegenstände gut aufbewahren,

damit die Kinder im Heranwachsen eine Möglichkeit haben, die Verstorbene darüber näher kennenzulernen.

- Besprechen Sie als ganze Familie, wie sie mit Fotos und Erinnerungsgegenständen in den allgemein zugänglichen Räumen umgehen wollen. Suchen Sie Kompromisse, mit denen alle leben können.
- Wenn das Sprechen über solche Fragen in Ihrer Familie nicht üblich oder gerade nicht gut möglich ist, versuchen Sie, weder zornig noch gelähmt zu reagieren. Warten Sie auf einen einigermaßen entspannten Moment, in dem Sie behutsam etwas ansprechen können. Konkrete Vorschläge in einem kleinen, relativ leicht durchführbaren Rahmen führen am ehesten dazu, dass etwas in Ihrem Sinne getan wird. Vorwürfe und starke Emotionen verfestigen das Schweigen der übrigen Familienmitglieder eher noch.
- Richten Sie sich darauf ein, dass die Bedeutung von Fotos und Gegenständen sich in den ersten Jahren öfter verändert. Es gibt Zeiten, in denen überall Fotos hängen sollen, und andere, in denen sie weggepackt werden. Diese Veränderungen sind normal und gesund. Machen Sie niemandem Vorwürfe, der andere Bedürfnisse hat als Sie selbst. Sorgen Sie dafür, dass im gemeinsamen Wohnraum weiterhin Kompromisse gemacht werden und jedes Familienmitglied ein Zimmer/einen Ort hat, wo er mit Fotos und Erinnerungsgegenständen so umgehen kann, wie es ihm gerade passend erscheint.

Jahrestage des Todes

- Um die Jahrestage des Todes herum geht es Hinterbliebenen meist deutlich schlechter als sonst – vor allem in den ersten Jahren. Das kann sich z.B. in Gereiztheit, Schlafschwierigkeiten, schlechter Laune und plötzlichen Tränen äußern. Häufig zeigt auch der Körper den Seelenschmerz in Kopf- oder Zahnschmerzen, Verdauungs- und Atemproblemen. Einige Wochen vor dem eigentlichen Datum beginnen diese Symptome, begleitet von intensiven Erinnerungen und auch von Sinnfragen.

Unmittelbar nach dem Todestag geht es meist wieder deutlich besser.

- Agieren statt reagieren – das ist eine nützliche Formel im Umgang mit Jahrestagen. Am eigentlichen Sterbetag waren Sie dem Geschehen ohnmächtig ausgeliefert. Auf die jährliche Wiederkehr des Datums können Sie sich vorbereiten, und Sie können bestimmen, was passiert. Bereiten Sie sich vor, machen Sie sich klar, was Sie selbst möchten und brauchen. Suchen Sie das Gespräch mit den übrigen Familienmitgliedern. Treffen Sie Absprachen, in denen wieder einmal Kompromisse gefunden werden.
- Einige Möglichkeiten gemeinsamer Aktivität am Todestag: eine Messe bestellen und gemeinsam daran teilnehmen, zusammen das Grab besuchen, Essen gehen, ein Spielabend, andere Verwandte und Freunde einladen und mit ihnen zusammen einen Teil des Tages verbringen. Sie können neben die gemeinsamen Aktivitäten auch Zeiten einplanen, in denen jedes Familienmitglied mit sich allein oder mit den eigenen Freunden sein kann.
- Auch die Gestaltung von Jahrestagen ändert sich; stellen Sie sich darauf ein, jedes Jahr erneut darüber zu sprechen. Im Lauf der Jahre entsteht oft auch das Bedürfnis, diesen Tag weitgehend »normal« zu verbringen. Neue Kompromisse sind nötig, um den sich unterschiedlich verändernden Bedürfnissen Rechnung zu tragen.

Andere Jahrestage

- Für Kinder und auch Erwachsene ist der *Geburtstag des Verstorbenen* oft ein Tag, an dem sie die üblichen Geburtstagsrituale auch für den Verstorbenen durchführen möchten. Wenn möglich wird das gern mit einem Grabbesuch verbunden. Solche Jahrestage sind weniger traurig als Todestage, sie ermöglichen positive und heitere Erinnerungen an die Verstorbenen. Sprechen Sie in der Familie darüber, welche Bedürfnisse vorhanden sind, und finden Sie ein Form, den Geburtstag des Verstorbenen zu feiern, den alle als angemessen empfinden.

- Es gibt auch Jahrestage, die für eine Beziehung besonders sind – der Jahrestag des Kennenlernens, des Zusammenkommens, der Hochzeit. Für den Partner bringen die Jahrestage der Eheschließung oder des Kennenlernens meist Tage intensiver Erinnerungen, die »bittersüß« sind. Die besonderen Momente großen Glücks und intensiver Nähe mit dem Verstorbenen werden noch einmal ganz bewusst, damit geht aber auch ein scharfer Verlustschmerz einher. Für Kinder und andere Verwandte gilt: Bitte machen Sie sich nicht lustig über den Blumenstrauß, den jemand am Hochzeitstag zum Grab des verstorbenen Partners bringt. Wenn Ihnen das sehr seltsam erscheint, lesen Sie die Zeilen zu fortgesetzten Verbindungen auf S. 148.

Allgemeine Festtage

- Weihnachten, Ostern, Silvester und z.B. Omas Geburtstag sind immer wiederkehrende Feste, die die Jahre strukturieren. Jede Familie hat ihre eigenen Rituale und Gewohnheiten an diesen Tagen. Wenn jemand gestorben ist, müssen diese Gewohnheiten überprüft werden, manche Familien machen alles so weiter wie bisher, andere feiern überhaupt nicht mehr. Insbesondere nach dem Tod eines Kindes entscheiden manche Familien, über die Feiertage wegzufahren. Der Ortswechsel hilft ihnen dabei, mit der veränderten Familiensituation umzugehen, er lädt zu Experimenten ein und verhindert den permanenten Vergleich mit den Jahren, als der Verstorbene noch lebte. Die meisten Familien finden einen Mittelweg, bewahren einen Teil der Familientraditionen und verändern sie ein wenig. Zu diesen Veränderungen gehören oft kleine Erinnerungsrituale, z.B. ein Grabbesuch, ein Foto an besonderer Stelle, ein Trinkspruch, ein bestimmtes Rezept, das nachgekocht wird. Suchen Sie das Gespräch innerhalb der Familie, besprechen Sie die unterschiedlichen Bedürfnisse und Wünsche. Trauen Sie sich, Ihre eigenen Wünsche auszusprechen und sich zu verweigern, wenn etwas geplant wird, was für Sie unerträglich ist. Richten Sie sich auf Veränderungen ein; was für das erste und zweite Weihnachten genau richtig war, kann sich am dritten und vierten nicht mehr stimmig anfühlen.

Tipp: Nehmen Sie die Trauer auch um den Großvater oder die Großmutter ernst! Für Heranwachsende sind die Großeltern manchmal wichtige Bezugspersonen, die mehr Geduld und Akzeptanz ausdrücken können als die Eltern. Besonders in der Pubertät brauchen sie diese »entspannten« Erwachsenen um sich herum. Der Tod von Großeltern kann Teenager stärker verunsichern, als sie es selbst zunächst merken.

Erfahrungsbericht

Am ersten Weihnachten nach dem Tod meines Bruders wollten wir alle weg. Wir haben beschlossen, zusammen in die Berge zu fahren, weit weg von unserem normalen Weihnachten. Wir hatten eine Hütte, die groß genug war, dass wir uns aus dem Weg gehen konnten, wenn wir das wollten. Und es war gut, das Skifahren hat uns in Bewegung gebracht, die frische Luft, der Sport, wir waren abgelenkt, haben sogar gelacht.

Bin ich immer zweite Wahl?

Manche Menschen bleiben ein Leben lang mit ihrer ersten Liebe zusammen. Die meisten Menschen haben aber vor der aktuellen Beziehung oder Ehe schon einmal jemand anderen sehr geliebt. Daher haben wir Erfahrungen gesammelt im Umgang mit »Ex-Partnern«. Dem Ende der Liebesbeziehung ging eine Zeit der Enttäuschungen voraus, die irgendwann zu dem Entschluss führten, sich zu trennen. Wenigstens einer von beiden wollte die Beziehung nicht mehr. Eine Reihe von Gesprächen und Begegnungen haben den Ablösungsprozess voneinander begleitet. Ein Wiedersehen ist möglich, denn die Expartner leben noch. Das ermöglicht auch eine Vergewisserung, dass es richtig war, sich zu trennen, oder eine versöhnliche Freundschaft, in der das Gemeinsame die Trennung überdauert.
Wenn die Trennung nicht durch Entschluss, sondern durch das Sterben eines Partners herbeigeführt wurde, ist vieles anders.

Bis dass der Tod euch scheidet

Im Eheversprechen wird der Tod eines der beiden Partner als Trennungszeitpunkt festgelegt. Aber im Innern erleben viele Menschen eine starke Bindung über den Tod hinaus. Die langsame Ablösung z.B. im Rahmen einer Scheidung konnte angesichts des Sterbens nicht stattfinden. Der andere wollte nicht gehen, er war auch kein »Schuft« oder »Betrüger«. Er war krank oder wurde durch einen Unglücksfall aus dem gemeinsamen Leben gerissen. Die verwitweten Partner brauchen einige Monate bis Jahre, um den inneren Ablösungsprozess nachzuholen, den sie im Rahmen einer Trennung von einem lebendigen Partner durchgemacht hätten. Gleichzeitig bleiben die Voraussetzungen des Getrenntseins besonders – Verwitwete wollten sich nicht trennen. Bei den wenigen, die zum Todeszeitpunkt sehr unzufrieden mit ihrer Beziehung waren, gilt, dass sie sich nicht zu diesem Zeitpunkt und nicht auf diese Weise trennen wollten. Verwitwetsein ist ein Zustand, der den Betroffenen von den Geschehnissen aufgezwungen wird. Sie erleben ihn als Schock und als Überwältigung. Verwitwete Menschen mit Kindern erleben das doppelt. Ihre Kinder sind jetzt ihr Leben lang Halbwaisen, die Verantwortung für sie muss der zurückbleibende Partner von nun an ganz allein tragen.

Neue Partner von Verwitweten müssen sich auf diese Situation einstellen. Die Angst vor neuen starken Gefühlen sitzt tief bei Menschen, die einmal erlebt haben, dass viele ihrer Träume zerstört wurden. Liebesversprechen werden von Verwitweten dankbar angenommen, aber mit einem gewissen Fatalismus gesehen. Sie haben erlebt, dass Krankheiten und Unglücksfälle jeden Plan für ein gemeinsames Leben zerstören können. Es bleiben ein tief sitzendes Misstrauen und eine große Angst, wieder verlassen zu werden. Nur das gemeinsame Erleben ohne sofortige neue Katastrophen gibt Mut, sich noch einmal auf eine ernsthafte Beziehung einzulassen.

Lückenbüßer oder Retterin

Wenn Sie sich in jemanden verlieben, der von seinem vorherigen Partner durch dessen Tod getrennt wurde, müssen Sie sich zwangsläufig mit diesem verstorbenen Partner auseinandersetzen. Oft ist gar nicht genau auseinanderzuhalten, was da so stark präsent ist. Ist es der verstorbene Partner selbst oder ist es die Erschütterung durch seinen Tod? Die gesteigerte Angst vor erneutem Verlust und ein erhöhtes Bedürfnis nach Halt, aber auch nach Autonomie sind Reaktionen auf das Erleben von Krankheit und Tod. Aber da ist auch noch etwas anderes: das Gefühl, als wäre immer eine dritte Person dabei. Mitten im aktuellen Glück wird der Partner plötzlich wehmütig und weint. Während Sie selbst alles gefunden haben, was Sie jemals wollten, scheint die Geliebte etwas zu vermissen. Die Abwesenheit des verstorbenen Partners

ist keine Erleichterung, sondern eine Bürde für ihr Glück. Da fehlt etwas, was nur der Verstorbene geben konnte oder vielleicht etwas, das im Lauf der bisherigen Trauerzeit schmerzlich vermisst wurde, und Sie müssen das einfach aushalten.
Manche reagieren darauf, indem sie bei jeder Erwähnung der Verstorbenen eifersüchtig werden. Andere entwickeln großes Mitleid mit dem trauernden Partner und Wut auf den Verstorbenen und sein Verhalten, sie setzen den Partner unter Druck, selber wütend zu werden, um endlich »frei« zu werden. Wieder andere fürchten, niemals etwas anderes zu sein als ein Lückenbüßer, und zweifeln ständig an sich selbst und der Beziehung. Diese Reaktionen sind verständlich, aber sie machen das Miteinander noch schwerer. Es sind Versuche, den Geliebten von seiner Vergangenheit abzuschneiden: Er soll die Liebe, die ihm einmal wichtig war, vergessen und er soll frei sein von den Spuren des Verlusterlebens, um ganz allein für Sie da zu sein. Der Mensch, in den Sie sich verliebt haben, hat aber diese Geschichte, sie hat ihn mitgeformt und ist nun Teil von ihm. Die entscheidende Frage ist meiner Ansicht nach nicht, ob Ihr neuer geliebter Mensch sich von seiner Geschichte abschneiden kann; die Frage ist vielmehr, ob Sie bereit sind, diesen Menschen mit seiner ganzen Geschichte aushalten.

Erste große Liebe, zweite große Liebe

Die Traurigkeit über schmerzhafte Erfahrungen vor und nach dem Tod des Partners, der Kummer und die Ängste können irgendwann der Vergangenheit angehören. Es bleiben nur Spuren davon in manchen Verhaltensweisen und Gedankengängen, wie das auch bei anderen belastenden Erlebnissen geschieht.
Aber der verstorbene Partner selbst behält meist einen festen, warmen »Platz im Herzen«. Wenn Sie fürchten, dass diese alte Liebe der neuen Liebe zu Ihnen etwas wegnimmt, möchte ich Ihnen widersprechen. Es ist eine seltsame Vorstellung, dass wir alle nur mit einer gewissen Menge an Liebe ausgestattet wären, und wenn ein paar »Pfund« Liebe für den einen aufgewendet

würden, bliebe für den anderen weniger übrig. Meiner Erfahrung nach ist es genau umgekehrt. Liebe scheint mir weniger ein Gut als eine Fähigkeit zu sein. Sobald diese Liebesfähigkeit in die Vergangenheit hinein aufrechterhalten werden kann, wächst die Liebesfähigkeit in der Gegenwart.

Mit so einer Einstellung ist es möglich, die Liebe des Partners in der Vergangenheit ohne jede Eifersucht anzunehmen und sich selbst als ebenfalls große Liebe desselben Menschen in der Gegenwart ernst zu nehmen. Es kann eine erste und eine zweite große Liebe geben, die eine nimmt der anderen nichts weg.

Übung

Stellen Sie sich vor, der Verstorbene sei ein Familienmitglied Ihres Partners, das auf einem weit entfernten Kontinent lebt. Manchmal kommt er oder sie »zu Besuch«, z.B. an Jahrestagen seines Geburtstages oder Todes. Dann nimmt er oder sie für kurze Zeit viel Raum ein. Interessieren Sie sich für diesen seltenen Gast, fragen Sie nach Geschichten und Eigenschaften, machen Sie sich bekannt. Gönnen Sie dem Gast einen feierlichen Rahmen und Ihrem Partner starke Gefühle für die kurze Zeit des Besuchs. Der Verstorbene will und kann Ihnen nichts wegnehmen. Versuchen Sie, den »Besuch« als Chance wahrzunehmen, Ihren neuen Partner, seine Gefühle und seine Vergangenheit ein bisschen besser kennenzulernen.

Tipp: Vermeiden Sie Eifersucht auf den verstorbenen Partner. Er oder sie ist tot und kann Ihnen gar nichts mehr tun. Wenn der Mensch, in den Sie sich verliebt haben, sich nicht auf Sie einlassen möchte, liegt das an ihm. Da steht nicht der Verstorbene zwischen Ihnen beiden, trennend sind eher unterschiedliche Ansprüche und Geschwindigkeiten bei Ihnen und dem anderen in der Gegenwart.

Menschen, die Schicksalsschläge und traumatische Erlebnisse hinter sich haben, fühlen sich besonders stark zueinander hingezogen. Wenn Sie sich leidenschaftlich in einen Verwitweten verlieben, kann das auch ein Zeichen für Verletzungen in Ihrem eigenen Leben sein. Vielleicht haben Sie als Kind ein Elternteil oder Geschwisterkind durch Tod verloren, vielleicht haben sich Ihre Eltern früh getrennt, vielleicht waren Sie selbst lebensbedrohlich erkrankt. Solche Grenzerfahrungen schaffen sowohl Verletzungen als auch Fähigkeiten und einen besonderen Charme. Überprüfen Sie, was jemand in Ihnen auslöst und wie Sie darauf reagieren:

- Ist da jemand mit Tiefgang, der Ihnen gerade deshalb gefällt? Achten Sie darauf, was jemand aus seinem Schicksalsschlag gelernt hat:
  - Wenn starkes Misstrauen und Verbitterung geblieben sind, werden Sie viel Mühe aufwenden müssen, Ihre Liebe dagegenzusetzen. Vielleicht spiegelt dieser Mensch Ihnen auch Ihre eigene Verbitterung und Angst vor neuem Schmerz. Es kann sein, dass Schmerz und Verlassenheit zentrale Themen Ihrer Beziehung sein werden. Suchen Sie sich dann jeder für sich und eventuell auch gemeinsam eine Beratung, um diesen Kreislauf zu durchbrechen.
  - Wenn jemand gelernt hat, um Hilfe zu bitten und die eigenen Schwächen auszuhalten, dann haben Sie eine gereifte Persönlichkeit vor sich. Von diesem Menschen können Sie etwas Positives lernen.
- Wirkt jemand unendlich einsam und verletzt auf Sie und wollen Sie ihm oder ihr unbedingt helfen?
  - Dann wird es Ihnen schwer fallen, eine Beziehung auf Augenhöhe zu führen. Mitleid ist eine schwierige Beziehungsgrundlage.
  - Ein leidenschaftliches Helfenwollen in privaten Beziehungen ist oft auch ein Zeichen für eigene Bedürftigkeit. Vielleicht brauchen Sie selbst mehr Unterstützung und Mitgefühl, als Ihnen bisher bewusst war. Es könnte hilfreich sein,

wenn Sie sich selbst Unterstützung durch Freunde oder sogar eine Beratung/Therapie suchen, um den eigenen Schmerz zu bearbeiten.

Ich heirate eine trauernde Familie

Sie verlieben sich in einen Menschen, der sich als Witwe oder Witwer herausstellt und dann lernen Sie die Kinder aus dieser Beziehung kennen. Sie müssen sich nicht nur mit der Trauer Ihres neuen Partners auseinandersetzen, sondern auch mit seinen trauernden Kindern, die in Ihnen entweder den ersehnten zweiten Elternteil suchen oder Sie nicht haben wollen. Sie sind wie das neue Mitglied einer Tanzkompanie oder einer Fußballmannschaft, Sie müssen sich Ihren Platz erst erarbeiten. Auf dem Weg dahin müssen Sie sich mit alten Gewohnheiten Ihres neuen Systems auseinandersetzen; alles ganz anders zu machen, wird da nicht gelingen. Gruppen – und jede noch so kleine Familie ist eine Gruppe – brauchen ihre Gewohnheiten und Routinen, um sich wiederzuerkennen. Wenn Sie ein Teil dieser Familiengruppe werden wollen, dann am besten mit einer Mischung aus Einfinden in das Bewährte und Einführen von ein paar Neuerungen. Der verstorbene Partner und Elternteil gehört irgendwie auch noch zu dieser Gruppe und Sie können nicht einfach seinen Platz besetzen. Wenn ein Kind trotzig sagt »Aber ich werde nicht Mama zu dir sagen«, dann drückt es genau diese Wahrheit aus – der Platz der leiblichen Mutter ist und bleibt für immer besetzt. So wäre es auch, wenn die Mutter noch lebte. Da sie gestorben ist, kann sie in Rollen z.B. als Schutzengel oder Vorbild sehr präsent im Familienalltag sein. Vermeiden Sie Eifersucht auf die Verstorbene auch in Ihrem Verhältnis zu den Kindern. Definieren Sie einen eigenen Platz für sich, beginnen Sie damit, dass Sie die »neue Partnerin eures Vaters« sind und wenn die Beziehung Bestand hat, entwickeln Sie vielleicht die Rolle der »sozialen Mutter in der Gegenwart«, oder erfinden Sie die »gute Stiefmutter«.

In Ihrem neuen Familienalltag spielt der Verstorbene weiter eine Rolle, an manchen Tagen spüren Sie dies besonders.

Allgemeine Festtage

Das Jahr wird durch wiederkehrende Feste und Feiertage strukturiert - z.B. Ostern, Weihnachten, Sylvester oder das jährliche Familienwochenende auf dem Land. Nehmen Sie die traditionellen Familienrituale ebenso an wie die Suche nach neuen Formen als Reaktion auf den Tod. Wenn Ihr neuer Partner und seine Kinder merken, dass Sie bereit sind, die Traditionen und Umgehensweisen zu akzeptieren, entspannen sich alle.

Tipp: Stellen Sie sich vor, Ihre neue Partnerin käme aus einem anderen Kulturkreis, würden Sie ihr aufzwingen wollen, bestimmte Feste so zu feiern, wie Sie es gewöhnt sind? Verzichten Sie auf Rechthaberei und auf emotionalen Druck, niemand versucht, Ihnen etwas wegzunehmen oder zu verderben. Es gibt »nur« unterschiedliche Wünsche und Bedürfnisse. Versuchen Sie es mit Kompromissbereitschaft – worauf könnten Sie verzichten, worauf könnten die anderen sich einlassen? Jahresfeste kommen jedes Jahr wieder, Sie haben damit jedes Jahr eine neue Chance, eine neue gemeinsame Tradition zu entwickeln.

Todestage

Unterstützen Sie Ihren Partner bzw. Ihre Familie darin, diese besonderen Tage zu gestalten. Gewöhnen Sie sich daran, dass es im Vorfeld des Todestages jedes Jahr wieder zu Stimmungsschwankungen in der Familie kommt. Richten Sie sich auf diesen Rhythmus ein, vertrauen Sie darauf, dass es genauso automatisch wieder besser wird, wie die Verschlechterung jedes Jahr an derselben Stelle wiederkommt.

Halten Sie es aus, wenn Ihr Platz an diesem Tag nur ein kleiner Platz am Rande ist. Halten Sie es sogar aus, wenn Ihr Partner diesen Tag allein mit den Erinnerungen an den verstorbenen Partner verbringen möchte. Stellen Sie sich vor, dass er »seine Ex« besucht, und bauen Sie Vertrauen in sich selbst und die Beziehung auf. Er wird gern zu Ihnen nach Hause kommen.

Fotos der Verstorbenen

Dulden Sie Fotos der Verstorbenen. Ermutigen Sie vor allem die Kinder, Fotos aufzustellen oder in einer Erinnerungskiste zu sammeln. Lassen Sie sich Fotoalben oder alte Videos zeigen. Dabei lernen Sie einen Menschen kennen, der diese Familie entscheidend mitgeprägt hat. Sehen Sie keine Konkurrenz in ihm, das ist er nicht!

Tipp: Vermeiden Sie abwertende und eifersüchtige Reaktionen. Vielleicht hilft Ihnen eine Phantasie, in der Sie sich vorstellen, wie es wäre, wenn Sie selbst sterben würden. Sie würden Ihrem Partner von Herzen eine neue Liebe wünschen, aber Sie fänden es auch angemessen, wenn er sich ab und zu an die gemeinsame Zeit und die besonderen Momente mit Ihnen erinnern würde.

Erfahrungsbericht

Es hat lange gedauert, aber heute ist meine Partnerin entspannter in Bezug auf meine verstobene Frau als ich selbst. Manchmal sagt sie in der Küche plötzlich – wie habt ihr denn früher Pfannekuchen gemacht? Früher war sie schrecklich eifersüchtig, wenn sie gemerkt hat, dass ich auch nur einen Gedanken an meine verstorbene Frau hatte. Langsam wird es leichter.

Das erste Trauerjahr

Wenn ein guter Freund oder eine Familienmitglied gestorben ist, beschäftigen sich die Hinterbliebenen in der Regel mindestens ein Jahr lang mit der Lücke, die entstanden ist. Gefühle wie Sehnsucht, Traurigkeit, Verzweiflung, aber auch Wut, sogar Erleichterung entstehen in unterschiedlicher Heftigkeit. Schuldzuweisungen versuchen, den Tod zu erklären. Fragen nach dem Sinn des Lebens tauchen auf. Neue Routinen für den Alltag, die Ferien, die Feiertage müssen entwickelt werden. Fragen nach einem »Leben nach dem Tod« entstehen auch bei Menschen, die vorher überzeugt waren, dass nach dem Tod nur ein großes »Nichts« steht. Erinnerungen werden sortiert, Hinterlassenschaften aufgeräumt und verteilt. Das gewohnte Gefüge der Familie oder des Freundeskreises verändert sich und das verlangt von allen, sich ebenfalls zu verändern. Der erste Jahrestag des Todes intensiviert die Gefühle und Gedanken oft noch einmal. Schon im Vorfeld kreisen die Erinnerungen »Wie war das letztes Jahr um diese Zeit« und auch Vorwürfe wie »Hätte ich doch ...«, »Warum hat er nicht ...« verstärken sich. Viele Hinterbliebenen tut es gut, den ersten Jahrestag des Todes besonders zu gestalten. Freunde und Angehörige von Trauernden sollten die Todestage der Verstorbenen in ihren Kalender eintragen wie Geburtstage und sich bei den Trauernden melden. Eine Karte, ein Anruf und vor allem zum ersten Jahrestag das Angebot, gemeinsam Zeit zu verbringen, werden als sehr wohltuend wahrgenommen.

Loslassen oder nicht

Der oft benutzte Begriff »Loslassen« beschreibt nur einen Teil des Trauerprozesses. Tatsächlich gehen viele Lebensträume und Lebensmöglichkeiten mit dem Tod eines nahen Menschen verloren; Trauernde lernen, Stück für Stück diese Perspektiven gehen zu lassen. Aber es gibt auch etwas, das bleibt und sogar gestaltet werden kann über den Tod eines geliebten Menschen hinaus. Begriffe wie »fortgesetzte Verbindungen« oder »ein neuer Platz für die Verstorbenen« beschreiben die stärkende Rolle, die Verstorbene für das Weiterleben der Menschen, die um sie trauern, haben können. Das kann ein übernommenes Lebensmotto sein oder eine immer wieder gern erzählte Anekdote, die den Charakter eines Verstorbenen auf den Punkt bringt. Aber auch das Zwiegespräch am Grab oder ein Bewusstsein von liebevoller Präsenz des Verstorbenen im Alltag sind Beispiele für solche fortgesetzten Bindungen, die als normal und heilsam gelten. Freunde und Angehörige von trauernden Menschen sollten diese Verbundenheit akzeptieren und bereit sein, auch noch Jahre nach dem Tod eines Menschen weiter von ihm zu sprechen.

Das zweite, dritte, vierte Trauerjahr

Den meisten Trauernden geht es nach diesem ersten Trauerjahr spürbar besser, die Erinnerungen und die Anpassung an den veränderten Alltag werden nicht mehr als so anstrengend wahrgenommen. Es gibt wieder mehr Raum für Freunde, Arbeit und Normalität. Da heißt aber nicht, dass das Leben wieder »wie vorher« ist, der Verlust von nahen Angehörigen und Freunden beschäftigt die Hinterbliebenen oft noch einige Jahre, wenn auch in immer weniger bedrängender Form. Eine gewisse Verletzlichkeit, aber auch eine starke innere Verbundenheit bleiben für manche Trauernde bis zu ihrem eigenen Lebesende bestehen. In diesem Sinne muss Trauer gar nicht irgendwann aufhören. Insbesondere die Jahrestage der Geburt und des Sterbens eines nahen Menschen sind oft Anlass zu verstärkten Erinnerungen. Familien und Freundeskreise können einen dieser Tage nutzen, um sich jährlich zu treffen, Erinnerungen auszutauschen oder etwas »im Sinne des Verstorbenen« zu tun.

Risikofaktoren und Unterstützungsfaktoren

Trauerforscher gehen davon aus, dass 10 – 20 % aller Trauernden eine intensive Beeinträchtigung in ihrer Lebensführung erleben, die deutlich länger als das erste Trauerjahr dauert. Verschiedene Faktoren spielen dabei zusammen. Auf der einen Seite sind das sog. Risikofaktoren, durch die der Trauernde zusätzlich zu seinem Verlust geschwächt und überfordert wird, und auf der anderen Seite sind das mangelnde Ressourcen, also Unterstützungsfaktoren. Als Freundin oder Angehöriger haben Sie wenig Einfluss auf die Risikofaktoren, aber Sie sind unmittelbar beteiligt am Unterstützungsnetz eines trauernden Menschen.

Das Eingebundensein in ein Netzwerk aus verständnisvollen, lebensbejahenden Freunden und Angehörigen ist der wichtigste Unterstützungsfaktor für die Bewältigung einer Lebenskrise.

Wenn Trauerprozesse vom Trauernden selbst im zweiten, dritten und vierten Trauerjahr noch als überwältigend und unerträglich qualvoll erlebt werden, sollte dieses Netz aus geduldigen Freunden und Angehörigen den Trauernden nicht frustriert fallen lassen, sondern ihn unerschütterlich weiter (er)tragen. Um Linderung und neue Bewegung im Trauerprozess zu erleben, braucht es dann aber meist ein zweites Unterstützungsnetz in Form professioneller Trauerberatung oder Psychotherapie.

Trauer oder Depression?

Studien zeigen, dass Medikamente gegen Depressionen nur in Ausnahmefällen hilfreich für Trauernde sind. Starke Gefühle von Mutlosigkeit, Verzweiflung und Kummer sind normal im Trauerprozess um einen nahen Menschen. Wenn sie durch Medikamente unterdrückt werden, kommen sie erneut zum Vorschein, sobald die Medikamente abgesetzt werden. Einige Trauernde sind durch den Verlust allerdings so erschüttert, dass sie ihren Alltag dauerhaft nicht mehr bewältigen können. Ein Hausarzt oder Psychologe sollte hier genau untersuchen, welche Symptome vorliegen und welche Medikamente oder Therapien unterstützend sind. Eine psychosomatische Kur mit dem Schwerpunkt »Trauer« kann ebenfalls Abstand schaffen, Austausch mit anderen Trauernden ermöglichen und neue Bewältigungsstrategien aufzeigen. Angehörige und Freunde sollten keinen Druck ausüben, eine bestimmte Form von Hilfe unbedingt anzunehmen oder abzulehnen.

Tipp: Selbstverständlich haben Sie Ihre eigene Meinung zum Thema Trauergruppen, Psychotherapie und Antidepressiva. Aber es geht nicht um Sie! Überlegen Sie, wo Sie die Kraft hernehmen können, den Trauernden durch Gespräche oder einfach Ihr Dasein darin zu unterstützen, seinen ganz persönlichen, zu ihm passenden Weg durch den Trauerprozess zu finden.

Was mach ich, wenn –

- jemand weint?
- jemand nicht weint?
- jemand immer dasselbe erzählt?
- jemand nicht darüber sprechen will?
- die Familie nicht miteinander darüber spricht?

- jemand jeden Tag zum Friedhof geht?
- jemand schon wieder zur Arbeit will?
- jemand mich schon dreimal nicht zurückgerufen hat?
- jemand einfach keine Hilfe annimmt?
- es jemandem seit Jahren nicht besser geht?

- jemand Weihnachten ein Foto von ihm aufstellen will?
- jemand am Todestag zur Unfallstelle gehen will?
- jemand immer wieder von seinem toten Kind sprechen will?
- jemand sagt, dass er keine Kraft mehr zum Weiterleben hat?

- ich vergessen habe, mich wie versprochen zu melden?
- ich um einen Beitrag für ein Erinnerungsbuch gebeten werde?
- ich Vorwürfe bekomme, falsch reagiert zu haben?
- ich keine Lust auf immer dieselben Geschichten habe?
- ich diese Traurigkeit einfach nicht aushalte?

- es mir selber schlecht geht?
- es mir selber richtig gut geht?
- es ihm wieder sehr schlecht geht?
- es ihr plötzlich besser geht?
- wenn jemand sich neu verliebt?

Was tun, wenn jemand weint?

Tränen sind gar nichts Schlimmes, sie tun nicht weh und sie hören von allein wieder auf. Anteilnahme und Geduld erleichtern den Kummer, der sich in Tränen ausdrückt.

Mein Rat: Bleiben Sie dabei. Haben Sie bitte kein schlechtes Gewissen, die Traurigkeit, die sich in diesen Tränen äußert, ist sowieso da und hat nichts mit Ihnen zu tun. (Mehr dazu finden Sie ab S. 41)

Was mache ich, wenn jemand nicht weint?

Es gibt Menschen, die weinen überhaupt nicht. Und es gibt Menschen, die unterdrücken ihre Tränen, sobald andere dabei sind, weil sie es peinlich finden, vor anderen zu weinen. Beides können Sie nicht ändern.

Mein Rat: Vermeiden Sie Äußerungen wie »Wenn du nur mal weinen würdest!« oder »Du bist ja völlig emotionslos.« Solche Bemerkungen wirken vorwurfsvoll und signalisieren, dass Sie den anderen nicht verstehen. Ein anderes Verhalten kann sich – wenn überhaupt – nur auf dem Boden von Geduld und Akzeptanz entwickeln.

Was tun, wenn jemand immer dasselbe erzählt?

In den ersten Wochen nach einem besonderen Ereignis ist es normal, immer wieder davon zu erzählen. So ist es auch, wenn jemand gestorben ist. Die letzten Begegnungen und auch die Momente des Sterbens werden oft viele Male wiedererzählt. Danach können bestimmte Anekdoten aus der Vergangenheit dazukommen. Manche Trauernde wiederholen häufig bestimmte Fragen wie: »Warum habe ich nichts gemerkt?« »Was wäre, wenn ich das anders gemacht hätte?« »Wieso hat sie sich nicht helfen lassen?« »Was haben wir übersehen?«

Mein Rat: Hören Sie geduldig zu. Wenn Sie etwas schon sehr oft gehört haben, bleiben Sie freundlich und weisen Sie darauf hin, dass Sie diese Geschichte schon kennen. (Auf S. 42 und S. 78 finden Sie Hinweise, wann das Wiederholen von bestimmten Erzählungen nicht mehr hilfreich für den Trauernden ist.)

Tipp: Versuchen Sie es mit Fragen, manchmal lösen Sie damit ganz neue Erinnerungen aus. Das ist dann auch für den Trauernden eine interessante Erweiterung.

Übung

Erinnern Sie sich an eine eigene Krise. Sei es Liebeskummer, ein Streit mit den Eltern oder dem Chef. Erinnern Sie sich daran, wie wichtig es für Sie war, immer dieselben Fragen zu stellen, und wie lange es gedauert hat, bis Sie es oft genug erzählt hatten, um die Tatsachen akzeptieren zu können.

Was tun, wenn jemand nicht darüber sprechen will?

Die meisten Menschen sprechen nicht über ihre Gefühle, viele von uns können nicht einmal vor sich selbst genau benennen, was sie fühlen. Wenn wir dann einen Verlust erleiden, können wir nicht im Handumdrehen damit anfangen, Emotionen zu beschreiben.

Mein Rat: Setzen Sie niemanden unter Druck, der nicht sprechen kann oder will. Das bewirkt nur das Gegenteil und jemand wird noch verschlossener. Akzeptieren Sie das Schweigen über bestimmte Themen. Suchen Sie die Dinge, über die Sie sprechen können, egal wie belanglos Sie Ihnen erscheinen. Hören Sie auf Zwischentöne. Ertragen Sie gemeinsames Schweigen. Machen Sie immer wieder Gesprächsangebote über die Themen, die möglich sind.

Tipp: Sprechen Sie möglichst genau über Ihre eigenen Gefühle und stellen Sie so ein Gespräch »auf Augenhöhe« her: »Ich bin traurig«, »Ich bin enttäuscht«, »Ich fühle mich hilflos«, »Ich habe keinen Spaß mehr am Leben«. Von da aus können Sie fragen: »Geht es dir auch so?«

Übung

Überlegen Sie, wie Sie sich selbst in Krisen mitteilen. Wenn Sie gern mit anderen sprechen, akzeptieren Sie bitte, dass andere Menschen das anders machen. Wenn Sie selbst verschlossen sind, haben Sie eine gute Grundlage, um das Schweigen Ihres trauernden Angehörigen oder Freundes zu verstehen.

Was mache ich, wenn die Familie nicht miteinander darüber spricht?

Ehepaare und ganze Familien tun sich oft schwer, miteinander über eine Krise und tiefe Gefühle zu sprechen. Oft schweigen sie in guter Absicht – der eine will den anderen schonen.

Mein Rat: Mischen Sie sich nicht in die Kommunikationswege eines Paares oder einer Familie ein. Es ist die Angelegenheit dieses Paares oder dieser Familie, wie sie miteinander umgehen.

Tipp: Stellen Sie sich als Gesprächspartner für einzelne Familienmitglieder zur Verfügung. Vermeiden Sie Ratschläge, hören Sie einfach zu und zeigen Sie Anteilnahme. Oft ändert sich die Kommunikation innerhalb der Familie, wenn einzelne Familienmitglieder sich mit jemand anderem aussprechen konnten.

Was mache ich, wenn jemand jeden Tag zum Friedhof geht?

Für viele Trauernde ist das Grab ein Ort, an dem sie sich den Verstorbenen besonders nah fühlen. Sie »besuchen« ihre Toten dort. Tatsächlich gibt es wenig, was dagegen spricht. Ein Friedhofsbesuch schadet niemandem. Dabei hat er viele nützliche Aspekte: Trauernde gehen an die frische Luft, sie treffen andere FriedhofsbesucherInnen und fühlen sich mit ihnen verbunden. Sie haben eine Möglichkeit, sich dem Verstorbenen anzunähern, indem sie diesen besonderen Ort aufsuchen, danach kehren sie ein wenig erleichtert in ihren Alltag ohne den Verstorbenen zurück. Denken Sie an all die liebevollen kleinen Gesten, die wir mit unseren Partnern und Kindern täglich austauschen – die Pflege der Grabstätte ermöglicht es, das eine Weile fortzusetzen. Auch die innere und sogar laut ausgesprochene Zwiesprache mit den Verstorbenen hat hier einen guten Ort.

Mein Rat: Mischen Sie sich nicht in diese Besuche ein. Unterlassen Sie abfällige Kommentare und Aufforderungen, damit aufzuhören.

Tipp: Bieten Sie an, einmal mitzugehen. Dabei ergeben sich zwanglose Gespräche über den Verstorbenen und den Trauerprozess. Sie werden selbst einen leichteren Zugang zu Ihrer eigenen Betroffenheit bekommen.

Tipp: Wenn ein trauernder Mensch nicht in den Urlaub oder auf Dienstreise gehen mag, halten Sie sich mit Ratschlägen zurück. Bieten Sie stattdessen an, das Grab in diesen Tagen zu pflegen, die Blumen zu gießen, das Grablicht regelmäßig zu erneuern. Manchmal ermöglicht diese kleine Unterstützung einen größeren Aktionsradius für den trauernden Menschen.

Was mache ich, wenn jemand schon wieder zur Arbeit will?

Für viele berufstätige Menschen wird der Arbeitsplatz nach einem Todesfall zum »sicheren Ort«. Während zuhause vieles verändert ist durch den Tod, geht am Arbeitsplatz alles seinen gewohnten Gang. Die Routinen und auch die kleinen und großen Erfolgserlebnisse eines Arbeitstages können Trauernden helfen, ihr Schicksal zu ertragen.

Mein Rat: Vermeiden Sie abfällige Kommentare über den Wunsch eines Trauernden, bald wieder zur Arbeit zu gehen. Versuchen Sie zu verstehen, was ihm der Arbeitsalltag bedeutet.

Tipp: Sprechen Sie mit Ihrem trauernden Angehörigen oder Freund darüber, was ihm die Arbeit gibt. Überlegen Sie, wie es Ihnen selbst mit diesem Thema geht, das kann ein interessanter Austausch werden.

Tipp: Wenn jemand vor allem aus Angst um seinen Arbeitsplatz wieder arbeiten geht, dann ist ein Gespräch über diese Ängste sinnvoll.

Was mache ich, wenn jemand mich schon dreimal nicht zurückgerufen hat?

Manchmal gelingt es Trauernden nicht, sich wie gewohnt bei Freunden und Angehörigen zu melden. Sie wollen niemandem zur Last fallen oder sie fühlen sich zu kraftlos und traurig für ein Treffen. Im ersten Trauerjahr kommt das häufig vor, in den folgenden Trauerjahren kann es immer wieder zu Phasen des Rückzugs kommen. Trauerzeiten bestehen aus einem ständigen Wechsel zwischen Ausnahmesituationen und normalem Alltag.

Mein Rat: Lassen Sie sich nicht entmutigen. Das Schweigen der Trauernden ist keine Ablehnung Ihrer Bemühungen. Überprüfen Sie sich selbst – wenn Sie in Kontakt bleiben möchten, melden Sie sich in regelmäßigen Abständen weiter.

Tipp: Vermeiden Sie unklare Angebote wie »Ruf mich an, wenn du etwas brauchst.« Machen Sie lieber konkrete Vorschläge: »Ich bin nächsten Donnerstag bei dir in der Nähe und würde gern einen Kaffee mit dir trinken.« Stellen Sie den Trauernden dabei eine kleine Auswahl von Möglichkeiten zu Verfügung: »Wir könnten in das kleine Café an der Ecke gehen, aber ich komme auch gern zu dir nach Hause und bringe deinen Lieblingskuchen mit.«

Was mache ich, wenn jemand einfach keine Hilfe annimmt?

Es ist gar nicht so leicht zu ertragen, sich hilfsbedürftig und schwach zu fühlen. Die meisten Menschen denken, dass ihr Wert davon abhängt, was sie leisten. Jemand, der keine Unterstützung in seiner Trauer annehmen möchte, kann sich aber vielleicht auch gar nicht vorstellen, dass es Hilfe für ihn gibt.

Mein Rat: Vermeiden Sie Druck und abfällige Bemerkungen. Jemand, der sich Hilfe für sich gar nicht vorstellen kann, wird durch jede abwertende Bemerkung darin bestärkt. Niemand kann gezwungen werden, Hilfe anzunehmen. Ermutigung und positive Unterstützung öffnen manchmal die Tür, dass sich jemand für ein Hilfsangebot öffnet.

Tipp: Überprüfen Sie, was sich für Sie selbst ändern würde, wenn der Trauernde Unterstützung annehmen würde. Wäre Ihr eigenes Leben dann leichter? Das wäre ein Hinweis darauf, dass Sie selbst von Unterstützung profitieren würden. Suchen Sie sich jemanden, mit dem Sie reden können. So bekommen Sie Entscheidungshilfen, die Situation entweder besser auszuhalten oder ein verändertes Hilfsangebot zu machen.

Was mache ich, wenn es jemandem seit Jahren nicht besser geht?

Manchmal dauern Trauerprozesse länger, als die Menschen im Umfeld es aushalten können. Manchmal ist die Definition von »besser gehen« für den Trauernden selbst ganz anders, als es für die Menschen um sie herum ist. Während der trauernde Mensch stolz darauf ist, arbeiten zu gehen, den Familienalltag zu gestalten und sich ab und zu freuen zu können, blicken die Außenstehenden vor allem auf das, was nicht da ist, z.B. »... hat immer noch keinen neuen Partner«, »... geht immer noch nicht auf Partys«, »... sieht immer noch schlecht aus«.

Mein Rat: Lassen Sie dem Freund oder Angehörigen seinen ureigenen Weg, mit dem einschneidenden Verlust umzugehen. Wenn Sie ihn häufig auffordern, anders zu trauern, als er es tut, wird er sich nur von Ihnen abgelehnt fühlen. Suchen Sie lieber das, was Sie noch miteinander verbindet. Wenn es nicht genug positive Gemeinsamkeiten zwischen Ihnen gibt, überlegen Sie, ob Sie sich ein Stück zurückziehen möchten. Das ist dann Ihre Entscheidung und kein Anlass für Vorwürfe gegen den Trauernden!

Was mache ich, wenn jemand Weihnachten ein Foto von ihm aufstellen will?

An Festtagen wie Weihnachten, Ostern oder runden Geburtstagen wird das Fehlen eines verstorbenen Familienmitglieds besonders deutlich. Alle denken daran und haben Gefühle zu diesem Verlust. Ein Foto des Toten auf der Anrichte oder ein leeres Gedeck für ihn, ein Trinkspruch auf den Verstorbenen oder ein Essen, wie er es besonders gern gemocht hätte, sind Wege, mit diesem Fehlen bewusst umzugehen. Auch das Weihnachtsbäumchen, das an Heiligabend zum Grab gebracht wird, oder die Luftballons, die bei der Hochzeit in die Höhe steigen zu dem vor kurzem verstorbenen Vater oder Bruder, sind liebevollen Gesten. Sie lindern den Schmerz, weil sie ihn erlauben und gleichzeitig seiner Unermesslichkeit eine Form geben. Im Rahmen solcher kleinen Rituale und Handlungen ist die Sehnsucht auszuhalten und sie kann sich sogar in Freude und Dankbarkeit verwandeln.

Mein Rat: Verzichten Sie auf schnelle Urteile und abwertende Kommentare zu Vorschlägen wie das Aufstellen eines Fotos. Als Familienmitglied versuchen Sie bitte zu verstehen, was mit der vorgeschlagenen Handlung ausgedrückt wird, und überprüfen Sie, ob Sie es aushalten können. Als Außenstehender unterstützen Sie bitte alle Ideen, die den Hinterbliebenen am Herzen liegen.

Übung: Stellen Sie sich vor, dass vielleicht nach Ihrem eigenen Tod jemand so an Sie denken würde. Ich empfinde die Vorstellung als sehr tröstlich.

Was mache ich, wenn jemand am Todestag zur Unfallstelle gehen will?

Der Ort, an dem jemand gestorben ist, hat für Hinterbliebene eine besondere Bedeutung. Besonders dann, wenn der Tod plötzlich und überraschend kam und es nicht möglich war, dabei zu sein. Viele Angehörige von Menschen, die beim Tsunami 2004 in Asien starben, fahren zu den Jahrestagen an die Strände, von denen ihre Lieben verschwunden sind. Es bedeutet ihnen viel, den Himmel zu sehen, die Luft zu atmen und die Atmosphäre wahrzunehmen, die ihr Angehöriger in seinem letzten Lebensmoment gesehen und gespürt hat. Der Ort ist wie ein letzter Zeuge, und dort nähern sie sich einem tieferen Verstehen, dass jemand tatsächlich gestorben ist. Plötzliche Tode lösen häufig erschreckende Fantasien über unerträgliches Leiden im Sterbeprozess aus. Das Besuchen des Ortes, an dem jemand gestorben ist, ermöglicht manchmal friedlichere Fantasien.

Mein Rat: Verzichten Sie auf Abwertungen und Pauschalurteile über den Wunsch, einen Sterbeort aufzusuchen. Interessieren Sie sich für die Hintergründe und versuchen Sie zu verstehen, was der trauernde Freund oder Angehörige dort sucht und hoffentlich auch findet.

Was mache ich, wenn jemand immer wieder von seinem toten Kind sprechen will?

Trauernde Eltern haben meistens das Bedürfnis, verstorbene Kinder weiter als Teil der Familie anzuerkennen und zu benennen. Nach ihren Kindern befragt, sagen sie z.B.: »Wir haben drei Jungs, einer von ihnen ist schon gestorben.« Außenstehende empfinden das als befremdlich, aber wenn Verstorbene den »Platz im Herzen« der Trauernden behalten können, warum nicht auch einen Platz im Gespräch? Verstorbene müssen nicht totgeschwiegen werden, sie haben Anekdoten und Lebensweisheiten hinterlassen, die es wert sind, erzählt zu werden. Das gilt nicht nur für die Erinnerungen von trauernden Eltern an ihre verstorbenen Kinder, sondern für alle Trauernden!

Mein Rat: Hören Sie zu, fragen Sie nach, interessieren Sie sich für die Verstorbenen. Falls Sie fürchten, damit großen Schmerz zu verursachen, werden Sie die unerwartete Erfahrung machen, dass dieses Interesse eher Freude auslöst.

Tipp: Achten Sie darauf, dass Ihr Interesse dem verstorbenen Menschen gilt, und lassen Sie die Einzelheiten dramatischer Todesumstände außen vor.

Was mache ich, wenn jemand sagt, dass er keine Kraft mehr zum Weiterleben hat?

Trauerprozesse sind sehr anstrengend. Die vielen unterschiedlichen Gefühle und Gedanken, die mitten in einer völlig veränderten Lebenssituation auftauchen, überfordern manchmal die Kraftreserven. Trauernde, die von Erschöpfung und Überforderung sprechen, sind nicht unbedingt suizidgefährdet. Meist brauchen Sie einfach jemanden, dem sie ihre Müdigkeit und Verzweiflung erzählen können. Sobald es ausgesprochen und mit Anteilnahme gehört worden ist, fühlt sich das Leben ein winziges Stück erträglicher an. Vielleicht fällt Ihnen auch noch eine Möglichkeit ein, wie der Mensch, der vor Verlust und Trauer sehr müde ist, mehr Unterstützung oder Entlastung finden kann. Aufmunternde Sprüche wie »Das wird schon wieder!« oder Beschwörungen wie »So etwas darfst du gar nicht erst denken!« sind hier fehl am Platz.

Mein Rat: Trauen Sie sich nachzufragen, wenn jemand etwas sagt wie: »Ich weiß nicht, wie ich das schaffen soll, weiterzuleben, am liebsten wäre ich bei ihm.« Erkundigen Sie sich mit aufrichtigem Interesse, was das heißt, nur so hören Sie, ob es um Müdigkeit oder um ernsthafte Todessehnsucht geht.

Tipp: Manchmal möchten Hinterbliebene einfach wieder mit dem Verstorbenen vereint sein, und wenn es im Tod ist. Dann hilft es, Erinnerungen auszutauschen oder gemeinsam Fotos anzusehen, damit der Trauernde erlebt, dass der Verstorbene auch hier in seinem Weiterleben einen Platz hat.

Tipp: Bei einer *ernsthaften Suizidgefahr* wenden Sie sich bitte umgehend an den Hausarzt, eine Beratungsstelle, das Krisentelefon oder die nächstgelegene Psychiatrische Klinik und lassen Sie sich beraten.

Anzeichen für ernsthafte Suizidpläne sind:

- Es gibt konkrete Ideen und Vorbereitungen zum Wo und Wie des eigenen Suizids.
- Die eigene Hinterlassenschaft wird akribisch geordnet, Lieblingsdinge werden verschenkt, es bleibt nichts übrig, was dem Trauernden etwas bedeutet.
- An die Stelle eines beweglichen Trauerprozesses tritt eine depressive Erkrankung, in der die Stimmung dauerhaft grau erscheint, über Wochen hinweg kein Antrieb mehr vorhanden ist und häufig von Suizid gesprochen wird.

Was mache ich, wenn ich vergessen habe, mich wie versprochen zu melden?

Manchmal sagt man etwas zu, vergisst es dann oder traut sich einfach nicht, es umzusetzen. Das ist »blöd«, aber mehr nicht. Trauernde Menschen sind zwar besonders dünnhäutig. Doch gleichzeitig bewältigen sie in ihrem Trauerprozess viel schwierigere Probleme als die Vergesslichkeit oder Angst einer Freundin. Es ist zu jedem Zeitpunkt möglich, sich zu melden. Die Unterstützung in der Gegenwart ist immer wichtiger als Versäumnisse in der Vergangenheit.

Mein Rat: Seien Sie ehrlich, geben Sie zu, dass Sie vergesslich oder ratlos waren. Bitten Sie um Entschuldigung. Halten Sie sich dann nicht länger mit Ihrem Versäumnis auf, sondern konzentrieren Sie sich auf die aktuelle Begegnung.

Was mache ich, wenn ich um einen Beitrag für ein Erinnerungsbuch gebeten werde?

Manchmal wird schon im Trauerbrief um einen Beitrag für ein Erinnerungsbuch bzw. eine Erinnerungsseite im Internet gebeten. Manche Familien bitten erst zum ersten oder zweiten Jahrestag um Erinnerungen. Solche Bücher oder Seiten sind eine große Quelle von Trost für die Angehörigen. Die geteilten Erinnerungen machen deutlich, dass der verstorbene Mensch Spuren in der Welt hinterlassen hat und dass sein Leben nicht umsonst war.

Mein Rat: Trauen Sie sich, eine Erinnerung aufzuschreiben und mitzuteilen, auch wenn Sie Ihnen bedeutungslos vorkommt. Jede Begegnung ist wichtig, jede Erinnerung zählt.

Was mache ich, wenn mir Vorwürfe gemacht werden, falsch reagiert zu haben?

Trauernde sind dünnhäutig und empfindsam. Freunde und Angehörige von Trauernden haben viele Ängste, etwas falsch zu machen. Das Aufeinandertreffen dieser beiden Zustände kann zu verletzendem Streit bis hin zum Kontaktabbruch führen. Doch: Kritik ist immer ein Kontaktangebot! Solange jemand Sie kritisiert, ist er noch im Gespräch und hat er die Hoffnung auf einen guten Kontakt mit Ihnen nicht aufgegeben. Meist ist es mit dem Aussprechen getan, die Enttäuschung hat sich Luft gemacht und von da aus könnte es gemeinsam weitergehen.

Mein Rat: Hören Sie sich den Vorwurf erst einmal an. Widersprechen Sie nicht sofort und unterdrücken Sie das Bedürfnis, sich zu rechtfertigen oder gleichfalls mit Vorwürfen zu reagieren. Nehmen Sie sich einen Augenblick Zeit, um zu verstehen, was der trauernde Freund vermisst hat. Überlegen Sie, warum dieser Vorwurf Sie so sehr verletzt. Empfinden Sie den anderen als undankbar? Oder wirft er Ihnen genau das vor, was Ihnen selbst ein schlechtes Gewissen macht? Wenn Sie mit Ihren eigenen Reaktionen unzufrieden sind, trauen Sie sich, das zuzugeben. Bitten Sie um Entschuldigung, statt sich langatmig zu rechtfertigen. Können Sie Ihr Verhalten ändern? Gibt es etwas, was Sie von dem Trauernden erbitten möchten? Überlegen Sie gemeinsam, ob es in Zukunft andere Wege gibt, miteinander umzugehen.

> Tipp: Überlegen Sie, wie Sie auch sonst mit Vorwürfen und Kritik umgehen. Niemand hört gern, dass er etwas nicht perfekt gemacht hat. Trotzdem ist eine offene Aussprache über Enttäuschungen und Verletzungen die Basis einer dauerhaften Freundschaft.

Was mache ich, wenn ich mitweinen muss?

Traurige und tragische Geschichten lösen intensive Gefühle aus, wir »leiden mit«. Vielleicht erinnern wir uns an einen eigenen Verlust. Oder wir sehen, dass jemand das erlebt, wovor wir am meisten Angst haben. Wenn dabei eigene Tränen kommen, ist das ein Zeichen von Anteilnahme und Verständnis. Trauernde empfinden das meistens als Geschenk. Die einzige Ausnahme sind Situationen, wenn Ihr eigenes Leid Sie so überwältigt, dass der trauernde Freund plötzlich Sie stützen muss.

Mein Rat: Versuchen Sie, sich mit Ihren eigenen Tränen anzufreunden. Tränen tun nicht weh und schaden niemandem. Sie sind vielmehr ein gutes Ventil für eine Vielzahl von unangenehmen Gefühlen, vor allem für Traurigkeit und Sehnsucht. Meistens fühlt man sich nach dem Weinen deutlich erleichtert und viel besser.

Tipp: Wenn Sie das Gefühl haben, in Ihnen sei ein See ungeweinter Tränen, dann könnten Sie von Unterstützung profitieren. Vielleicht ist ja eine Trauerbegleitung etwas für Sie selbst.

Was mache ich, wenn ich diese Traurigkeit einfach nicht aushalte?

Trauernde Menschen sind manchmal anstrengende Freunde oder Angehörige. Sie brauchen mal Unterstützung, dann wieder Rückzug, und ihre Stimmung ist immer wieder tieftraurig und verzweifelt. Das kann für andere Menschen auf Dauer überfordernd sein. Beziehungen sind ein vielschichtiges Gebilde, das immer wieder neu ausbalanciert werden muss. Mitgefühl, Verständnis und Geduld stehen auf der einen Seite, Wünsche nach eigener und geteilter Lebensfreude, nach Zuverlässigkeit und auch nach dem vertrauten Kontakt stehen dem gegenüber. Trauernde Menschen wissen sehr genau, dass sie sich anders verhalten als früher, und sie bemühen sich sehr, anderen nicht zur Last zu fallen. Wenn sie das äußern, kann es bei Gesprächspartnern den Reflex auslösen, die eigene Überforderung zu leugnen. Doch Unehrlichkeit ist keine gute Beziehungsgrundlage.

Mein Rat: Erlauben Sie sich, eigene Gefühle und Bedürfnisse wahrzunehmen. Wenn Sie als Freund oder Angehöriger längere Zeit über Ihre eigenen Grenzen gehen, um einen Trauernden zu unterstützen, wird das die Beziehung auf Dauer belasten. Sie dürfen auch eine Verabredung absagen oder eine Bitte um Unterstützung mit NEIN beantworten.

Tipp: Machen Sie sich eine Liste mit drei Spalten. In die erste tragen Sie ein, was Sie zurzeit gern mit dem trauernden Menschen teilen und erleben. In die zweite Spalte tragen Sie ein, was Sie als anstrengend und belastend empfinden bei gemeinsamen Aktivitäten. Die dritte Spalte ist für neue Ideen und Experimente gedacht. Was können Sie dem anderen noch anbieten, was würde Ihnen selbst Spaß machen? Überprüfen Sie, wie Sie die belastenden Erlebnisse der zweiten Spalte reduzieren könnten. Was möchten Sie lieber ablehnen? Können Sie anstrengende Begegnungen durch weniger belastende gemeinsame Aktivitäten ersetzen?

Tipp: Wenn Sie sich nicht von Ihren Sorgen um den trauernden Angehörigen oder Freund lösen können, ist eine Unterstützung für Sie selbst wahrscheinlich sehr hilfreich. Sprechen Sie mit einem Freund über Ihre Sorgen oder suchen Sie sich eine Kurzzeitberatung.

Was mache ich, wenn es mir selber schlecht geht?

Kaum jemand versteht eine Krise so gut wie ein Mensch, der tief trauert. Manchmal ermöglichen die eigenen Belastungen einen intensiven Kontakt, es heißt schließlich: »Geteiltes Leid ist halbes Leid«. Das geht jedoch nur, wenn Sie bereit sind, Ihren eigenen Kummer auszusprechen. Manchmal ist es für den Trauernden auch eine gute Erfahrung, etwas »zurückgeben« zu können, und Sie begegnen sich wieder gleichberechtigter.

Mein Rat: Wagen Sie den Versuch, sich mit Ihren eigenen Sorgen zu zeigen. Bleiben Sie dabei maßvoll, der Trauernde sollte nicht Ihr gesamtes Leid noch mit auf seine Schultern nehmen.

Was mache ich, wenn es mir selber richtig gut geht?

Die trauernde Freundin oder Schwester erwartet nicht, dass das Leben um sie herum stehen bleibt. Ihr eigenes Leben fühlt sich erstarrt und aus der Form geraten an, aber sie weiß, dass das für Sie als Freund oder Angehöriger anders ist. Sie dürfen glücklich und erfolgreich sein. Sie dürfen das auch zeigen. Am besten ziehen Sie Kraft und Mut aus Ihrem eigenen Glück, um der Trauernden weiterhin beizustehen.

Mein Rat: Bleiben Sie authentisch, auch in Ihren positiven Gefühlen. Verzichten Sie auf Äußerungen wie »Du siehst ja an mir, wie schön das Leben sein kann.« und auf Druck »Wenn du dich ein bisschen mehr bemühen würdest, ginge es dir auch wieder gut.« Nur so kann Ihre gute Laune wie eine warme Brise wirken, die belebt und Hoffnung macht.

> Tipp: Laden Sie den trauernden Freund oder Angehörigen auch zu freudigen Festen ein und lassen Sie ihn entscheiden, ob er sich dem gewachsen fühlt. Seien Sie bitte auf keinen Fall beleidigt, wenn er sich gegen eine Teilnahme entscheidet oder früher geht. Das ist nicht als Affront gemeint, sondern ein Ausdruck begrenzter Kraftreserven.

> Tipp: Ertragen Sie es, wenn die trauernde Angehörige oder Freundin auch ein wenig neidisch auf Ihr Glück ist. Das wären Sie an ihrer Stelle wahrscheinlich auch. Dieser Neid ist ein unwillkürliches Gefühl, das sich aus dem eigenen Mangel entwickelt. Trauernde Menschen können dieses Gefühl an sich selbst nicht leiden und kämpfen dagegen an.

Was mache ich, wenn es jemandem wieder sehr schlecht geht?

Trauerprozesse gehen wellenförmig voran oder wie Ebbe und Flut, ständig verändern sich Stimmungen und Gedanken. Manchmal ist einfach die Tagesform nicht so gut, eine zusätzliche Erkältung, ein belastender Streit nehmen Energie in Anspruch, die für die Balance zwischen Trauerprozess und Alltag nicht mehr zur Verfügung steht. Und plötzlich geht es der Trauernden wieder fast so schlecht wie am Anfang. Es gibt auch bestimmte Tage, die Gefühle und Gedanken stark beeinflussen, das sind alle Gedenktage, die mit dem Verstorbenen zusammenhängen. Sein Geburtstag, sein Todestag, bei Paaren der Hochzeitstag. Schon einige Wochen vor diesen Tagen kann die Stimmung wieder sehr traurig werden – in der Regel wird sie nach diesen Tagen aber genauso schnell wieder besser.

Mein Rat: Unterstützen Sie Ihren Freund weiterhin. Verzichten Sie auf abwertende Äußerungen wie: »Geht es dir immer noch nicht besser« oder »Jetzt muss es aber mal gut sein.« Es ist viel tröstlicher, auf all das hinzuweisen, was schon geschafft ist und Vertrauen auszudrücken, dass auch dieses Tief bald überwunden sein wird.

Tipp: Oft wissen Trauernde selbst nicht, warum es ihnen wieder schlechter geht – Sie können ihnen manchmal mit dem Hinweis auf einen bevorstehenden Gedenktag helfen, sich selbst besser zu verstehen.

Was mache ich, wenn es ihr plötzlich besser geht?

Der wellenförmige Verlauf von Trauerprozessen führt dazu, dass auf eine tiefe Verzweiflung auch euphorische Stimmungen folgen können. Manchen Trauernden geht es einfach relativ schnell wieder gut. Beides ist möglich und normal. Manchmal folgt eine neue Krise, in anderen Fällen bleibt der Trauerweg kurz.

Mein Rat: Nehmen Sie es, wie es kommt. Trauer lässt sich nicht vorhersagen. Ihre eigenen Vorstellungen von Trauer sind auf keinen Fall wichtiger als das, was Ihr Freund oder Angehöriger gerade erlebt.

Was mache ich, wenn sich jemand neu verliebt?

Witwen und Witwer werden argwöhnisch beobachtet – verlieben sie sich schnell wieder, gelten sie als flatterhaft. Bleiben sie lange allein, heißt es, sie seien in der Vergangenheit stehen geblieben.

Mein Rat: Halten Sie sich mit Bewertungen zurück. Der Trauernde wird sich ohnehin nicht in seine Gefühle hineinreden lassen. Versuchen Sie, die neue Liebe zu akzeptieren, wie Sie es auch bei Freunden tun, die sich nach einer Scheidung neu verlieben.

Tipp: Romantische Gefühle und tiefe Liebe zu einem neuen Menschen bedeuten nicht, dass der verstorbene Partner vergessen wird. Sie können auch weiterhin über den Verstorbenen sprechen und sich an Gedenktagen melden. (Mehr Informationen zu dem schwierigen Spagat zwischen alter und neuer Liebe finden Sie auf S. 139 ff.)

Literatur und Internetadressen zum Weiterlesen

Wenn Sie sich über *Trauerprozesse allgemein* informieren möchten, finden Sie in diesen beiden Büchern eine leicht verständliche Einführung:

Chris Paul: Ich lebe mit meiner Trauer
Kerstin Lammer: Trauer verstehen

Wenn Sie sich für den Ansatz der *»fortgesetzten Verbindung« und die Trauer von Eltern nach dem Tod eines Kindes* interessieren, interessiert Sie wahrscheinlich dieses Buch:

Roland Kachler: Meine Trauer wird dich finden

Wenn Sie sich intensiv mit dem Thema *Beschuldigungen im Trauerprozess* auseinandersetzen möchten, können Sie das mit dem Buch:

Chris Paul: Schuld Macht Sinn.

Aus den vielen Büchern zur *Trauer von Kindern* hier drei Empfehlungen für erwachsene Leser:

Mechthild Schroeter-Rupieper: Für immer anders – Das Hausbuch für Familien in Zeiten der Trauer und des Abschieds. In diesem Buch finden Sie anschauliche Gestaltungsmöglichkeiten für Trauer im Familienalltag mit Kindern und Jugendlichen.
Margit Franz: Tabuthema Trauerarbeit: Kinder begleiten bei Abschied, Verlust und Tod. Dieses Buch regt zur Auseinandersetzung mit den eigenen Vorbehalten in Sachen Trauer an und gibt gut verständliche Basisinformationen zu Kindertrauer und ihrer Begleitung.
Petra Hinderer und Martina Kroth: Kinder bei Tod und Trauer begleiten: Konkrete Hilfestellungen in Trauersituationen für Kindergarten, Grundschule und zu Hause. Dieses Buch ist genau das, was der Titel verspricht, praxisnah und gut verständlich.

Drei Empfehlungen für kindliche Leser

Kinder verstehen Tod und Trauer auch über Bilder und Geschichten. Hier sind drei bewährte Bilderbücher, die mit Kindern gemeinsam betrachtet werden sollten.

Susanne Varley: Leb wohl lieber Dachs. Hier erinnern sich die Tiere an ihren Freund, den Dachs, und zeigen, wie durch das Erinnern etwas in uns weiterlebt, auch wenn jemand gestorben ist.

Ulf Nilsson: Adieu, Herr Muffin. Eine bezaubernde Geschichte über einen alten kranken Hamster und die Familie, bei der er lebt und stirbt. Mit einer Portion Humor und ganz viel Liebe erzählt und gezeichnet.

Mechthild Schroeter-Rupepper und Imke Soennichsen: »Geht Sterben wieder vorbei?« Echte Kinderfragen werden direkt und kindgerecht beantwortet.

Chris Paul und Suse Schweizer: »Gelbe Blumen für Papa« Ein liebevolles und mutmachendes Buch für Kinder nach dem Suizid eines Familienmitglieds.

Für *Jugendliche* empfehlen sich diese begleiteten Internetforen: *www.allesistanders.de, www.u25-freiburg.de, www.nico-und-nicola.de*

Ayse Bosse und Andreas Klammt: »Einfach so weg: Dein Buch zum Abschiednehmen, Loslassen und Festhalten« Mit Kurzgeschichten, Comics, Kreativseiten und einem extra für das Buch geschriebenen Song von Bosse.

Die bundesweite »Nummer gegen Kummer« ist 24 Stunden am Tag kostenlos für Kinder und junge Menschen in Krisen erreichbar: 0800 – 111 0 333. Ein besonderes Angebot gibt es jeden Samstag 14-18h, wenn dort kostenlose Telefonberatung von Jugendlichen für Jugendliche angeboten wird.

Adressen für besondere Trauersituationen

Der bundesweite Verein »Verwaiste Eltern und trauernde Geschwister in Deutschland e.V. (VEID)« verbindet bundesweit rund 500 Selbsthilfegruppen, bietet Fortbildungen und Informationsmaterial zur Trauer von Eltern und Geschwistern an. Auf der Homepage finden Sie neben Informationen auch Berichte von Betroffenen und weiterführende Literatur- und Veranstaltungstipps.
VEID e.V., Roßplatz 8a, 04103 Leipzig, Tel. 0341 – 94 68 884
E-Mail: kontakt@veid.de, www.veid.de

Der Verein AGUS e.V. organisiert bundesweit ca. 60 Selbsthilfegruppen und therapeutische Wochenendseminare für Suizidtrauernde. Zahlreiche Materialien können im Bayreuther Büro angefordert werden, es gibt eine Telefonsprechzeit für Betroffene und eine Homepage mit vielen Informationen, u.a. einer ständig aktualisierten Literaturliste.
AGUS e.V., Markgrafenallee 3 a, 95448 Bayreuth, Tel: 0921 – 1500380, *www-agus-selbsthilfe.de*
E-Mail: agus-selbsthilfe@ t-online.de

Unter *www.weisser-ring.de* finden Sie Ansprechpartner für Opfer von Gewaltverbrechen. Auch Hinterbliebene nach einem Mord werden hier betreut.

Für Trauer im Arbeitskontext

Franziska Offermann: »Wenn Kollegen trauern« Praktische Tipps, bewährte Beispiele und Hintergrundwissen für Trauer am Arbeitsplatz.

Unter *www.chrispaul.de* finden Sie Videos und Hördateien von und mit Chris Paul.

Danksagung

Seit vielen Jahren begleite ich trauernde Menschen in Einzelgesprächen und Seminaren und es sind *ihre* Erfahrungen, Hoffnungen und aus Enttäuschungen geborenen Wünsche, die mich zum Schreiben dieses Buches veranlasst haben. Ich danke allen, die mich teilhaben lassen an ihren Prozessen! Für konkrete Erfahrungsberichte, die ich verwenden durfte, danke ich von Herzen: Christian, Frau K., Frau P., Sabine Bellasio, Martina Burkat-Paul, Anne Föckeler-Koring, Bärbel, Glänzer, Daniela Glänzer, Susann Grün, Lisa Höflin, Bernd Koring, Claudia Mayer, Bettina Piwowarsky, David Roth, Christina Ruland, Christa Steigner und Daniela Strauch.

Sabine Bellasio, Martina Burkat-Paul, Ute Haslinger, Lisa Höflin, Lisa Miethe und Peter Paul sen. haben das Manuskript mit ihren Anmerkungen und Korrekturen bereichert. Danken möchte ich schließlich meiner Lektorin Cornelia Schäfer für Ermutigung und Überblick, wenn ich sie gebraucht habe. Und Ida-Maria, die meinem Leben und darin auch meiner Trauer Halt gibt.

August 2013 *Chris Paul*

MIX
Papier | Fördert gute Waldnutzung
FSC® C014496

Penguin Random House Verlagsgruppe FSC® N001967

6. Auflage, 2024

Umschlagmotiv: Paul Klee »Genius serviert kleines Frühstück«, 1920
Druck und Bindung: GGP Media GmbH, Pößneck
Printed in Germany
ISBN 978-3-579-07303-3
www.gtvh.de